大家小书

中国古代衣食住行

许嘉璐 著

北京出版集团公司
北京出版社

图书在版编目（CIP）数据

中国古代衣食住行 / 许嘉璐著. — 北京 : 北京出版社，2016.7（2024.8重印）
（大家小书）
ISBN 978-7-200-12083-7

Ⅰ. ①中… Ⅱ. ①许… Ⅲ. ①风俗习惯—中国—古代 Ⅳ. ①K892

中国版本图书馆CIP数据核字（2016）第077476号

总策划：安　东　高立志　　责任编辑：陈金华　严　艳　王铁英

· 大家小书 ·

中国古代衣食住行

ZHONGGUO GUDAI YI-SHI-ZHU-XING

许嘉璐　著

*

北京出版集团公司
北京出版社
出版

（北京北三环中路6号　邮政编码：100120）

网　址：www.bph.com.cn

北京出版集团公司总发行

新华书店经销

北京华联印刷有限公司印刷

*

880毫米×1230毫米　32开本　7.625印张　125千字

2016年7月第1版　2024年8月第12次印刷

ISBN 978-7-200-12083-7

定价：56.00元

质量监督电话：010-58572393

序　言

袁行霈

“大家小书”，是一个很俏皮的名称。此所谓“大家”，包括两方面的含义：一、书的作者是大家；二、书是写给大家看的，是大家的读物。所谓“小书”者，只是就其篇幅而言，篇幅显得小一些罢了。若论学术性则不但不轻，有些倒是相当重。其实，篇幅大小也是相对的，一部书十万字，在今天的印刷条件下，似乎算小书，若在老子、孔子的时代，又何尝就小呢？

编辑这套丛书，有一个用意就是节省读者的时间，让读者在较短的时间内获得较多的知识。在信息爆炸的时代，人们要学的东西太多了。补习，遂成为经常的需要。如果不善于补习，东抓一把，西抓一把，今天补这，明天补那，效果未必很好。如果把读书当成吃补药，还会失去读书时应有的那份从容和快乐。这套丛书每本的篇幅都小，读者即使细细地阅读慢慢地体味，也花不了多少时间，可以充分享受读书的乐趣。如果把它们当成补药来吃也行，剂量小，吃起来方便，消化起来也容易。

我们还有一个用意，就是想做一点文化积累的工作。把那些经过时间考验的、读者认同的著作，搜集到一起印刷出版，使之不至于泯没。有些书曾经畅销一时，但现在已经不容易得到；有些书当时或许没有引起很多人注意，但时间证明它们价值不菲。这两类书都需要挖掘出来，让它们重现光芒。科技类的图书偏重实用，一过时就不会有太多读者了，除了研究科技史的人还要用到之外。人文科学则不然，有许多书是常读常新的。然而，这套丛书也不都是旧书的重版，我们也想请一些著名的学者新写一些学术性和普及性兼备的小书，以满足读者日益增长的需求。

“大家小书”的开本不大，读者可以揣进衣兜里，随时随地掏出来读上几页。在路边等人的时候，在排队买戏票的时候，在车上、在公园里，都可以读。这样的读者多了，会为社会增添一些文化的色彩和学习的气氛，岂不是一件好事吗？

“大家小书”出版在即，出版社同志命我撰序说明原委。既然这套丛书标示书之小，序言当然也应以短小为宜。该说的都说了，就此搁笔吧。

再读《中国古代衣食住行》记

朱小健

老师的《中国古代衣食住行》要再版，出版社让我写几句话作点说明。这当然是给我提供了一个再次学习老师著作的机会。

老师是语言学家，但从20世纪70年代末跟随老师学习以来，我却感到文化是老师研究语言的终极目的。“大革文化命”结束后，老师是最早提出要关注语言与文化关系研究的学者之一。在其后的二十多年里，老师始终坚持以汉语本体为出发点，以古今礼俗为观照系，以既往与当代的史实为依据，以现代科学的方法为指导，在这个领域中辛勤耕耘。一方面在教学中以此指导学生，使一些后学深受启发而专心钻研，写出了一批汉语汉字与文化的著作，如《礼俗辞典》、《汉字文化》等；另一方面，老师自己身体力行，在一系列论著中专门探讨了传统文化及其现代化问题。《中国古代衣食住行》是其中较早写作的专论古人服饰、饮食、宫室、车马等生活的情况及相关文化现象的一种。

度人金针、深入浅出、系统周密是我再读此书的深切感受，这也许就是出版社希望我说明的《中国古代衣食住行》的基本特色吧。

一　度人金针

从语言观察文化，以文化印证语言，是近年来流行的方法。只要其凭借的语言现象是事实，其依据的文化现象是实际，这就是科学有用的方法。对近年有些人自命为语言文化学的开山者，老师总是宽容地说：罗常培先生早先就写过《语言与文化》嘛。对一些后学从汉字个别笔画中追索想象古代文化，老师常微笑着提问：文字负载的是不是语言呢？《中国古代衣食住行》实际上体现了老师关于语言与文化关系的两个重要思想：一是语言是文化最重要的载体，二是文化主要凝聚于词汇。这既是老师对语言与文化关系的认识，更是研究语言、研究文化的重要方法。而选取古代衣食住行为例阐释这两个认识，又体现了老师另一重要思想：语言学、训诂学是实用的学科，应用是其最重要的特性。这些思想和方法，在进入21

世纪，举国重视文化建设的今天，更具特殊意义。

老师把文化分为物质文化、社会文化、哲学文化三类。而语言是这三类文化最重要的载体，全面地储存着这三类文化的整体信息（见老师所著《语言与文化》，载《中国教育报》2000年10月17日第7版）。古人的衣食住行，作为物质文化，是当时的经济基础和思想观念在人民生活中的直接反映，从古代文献语言中尽可能最大限度地还原其面貌，是研究古代文化的可靠途径和基础工作。其前提固然是古人文风质朴，所记多为“信史”，更重要的是古代文献中的词汇积淀着人力不能随意更改的文化信息。词汇是文化意识的结晶。故《中国古代衣食住行》所论，皆以古代文献语言中的词汇为依据。老师说这并不是一本考证著作，然其从衣冠器物形制到典章礼仪民俗，介绍所及，都有词义分析，皆具文献例证，实不乏精到的考证。其分析论证，固然有与字形关涉者，而要在以词汇为根本。这是值得简单地一味从汉字点画中分析文化的学者们深思的。

介绍古代衣食住行，本来只说明其形制质料作工即可，而老师则更阐明了其功用与其中蕴涵的古人的观念意识。如介绍堂前有阶梯，左右各一，称西阶、东阶，于说明古人之“住”似已足够。而老师则又言及古人在室外尊左，因而尊者（宾客）走西阶，并举《史记·魏公子列传》赵王引信陵君就西阶而信陵君侧身辞让走东阶事证之（见第三编·堂室）。显然，这样的介绍，使今天的读者在明了堂阶形制的同时，更了解了这种形制体现的古人的观念意识，甚至会联想到今天餐桌上主陪（北）右手（西）为上座的习俗也许就是古人这种观念意识的遗痕，并且也进一步理解了《史记》原文的所以然。这种介绍的出发点，是读者在阅读古代文献文本时的需要。这样介绍堂阶，强调了名物诠释的实用性，从而使读者获得了最大限度的信息量。我在北师大讲授了十多年古代汉语和训诂学课，我从未将老师的《中国古代衣食住行》列为参考书目，但几乎每届学生中都有人拿着这本书（有从图书馆借得者，亦有自行复印者）来与我讨论有关的一些问题。以读者为本，自然受读者欢迎。

从语言实际出发，发掘汉语词汇的文化积蕴，注重语言学的应用性，为读者解决常见、急需解决的问题，是《中国古代衣食住行》最重要的治学方法。元好问说："鸳鸯绣了从教看，莫把金针度与人。"老师的著作不单教给了我们知识，更度给了我们金针。

二　深入浅出

我总怀疑“深入浅出”的内部逻辑结构是前因后果——能够浅显地讲清要说的问题，根本的原因是对该问题进行了真正深入的钻研。《中国古代衣食住行》是介绍古代文化的著作中比较好读的一本。这不仅体现在书中列举大量古代诗文对所论加以印证时为这些诗文略加了注释，更重要的是老师对所论了然于胸，故能一言中的。如“深衣”，今人十分陌生。清人有过专考，然因深衣有异称，其考证繁琐而使人不得要领。老师指出深衣与襦相对，故为长衣，深衣外有罩衫，故为中衣，是深衣即为贴身长衣（见第一编·衣与裳），令人涣然冰释。

能深入，源于对研究对象的热爱。与同龄人相比，老师更像经博大精深的中华文化熏陶出来的老一辈学者，对国家民族以及与之相关的文化充满炽热情感。其研究之专注投入，学林罕见。如为了解古天文知识，老师曾在仲夏夜于学校操场仰望星空，拿着用红布蒙着的手电筒与手中星图对照，来识别星的方位、等级，记忆星宿位置。这样“笨”的学习、研究方式，恐怕是今天很多学者不屑学，也学不了的。这种下苦工夫对中华文化进行基础性研究，正是对中华文化热爱关注的体现。

要深入，就要有科学的研究方法。除了上文提到的从语言实际出发，发掘汉语词汇的文化积蕴，注重语言学的应用性，为读者解决常见、急需解决的问题等宏观方法外，老师还注重语言资料的积累。从通读的大量古代文献中搜集、积累第一手材料的具体方法，也是这本书成功的重要因素。老师年轻时惯于在吃饭时、公共汽车上乃至走路时读书，推想起来是只能诵读而不便落笔的，而我们这些学生当年见到老师并不太多的藏书时，印象最深的却是上面画满了各种记号，老师亲手摘录的语料卡片数量也曾大大地震撼过我们。这一点从《中国古代衣食住行》中征引诗文例证之丰赡可见一斑。这些例证，不是简单地通过《经籍纂诂》之类的工具书就能检索得到的。即使在电脑和网络资料已十分丰富的今天，也还不可能轻松地检索到这么多切合适用的例证。更不用说《中国古代衣食住行》中所举相关诗文还有相当多的部分是以文化证语言，是对其中词义的发明考释了。

执著钻研，无征不信，真正全面把握研究对象，浅出就有了基础。而表达的流畅生动，则来源于老师的深厚文学功底和长期的教学实践。这也是北师大中文系老一辈学者的传统，陆颖明、俞叔迟、启元白等先生均以此见长。而继承并发扬这一传统，老师的《中国古代衣食住行》及《古语趣谈》（湖南人民出版社，1989年出版）自是典范。

三　系统周密

科研工作，尤其是社会科学研究，最重要的一点就是科学地对研究对象进行分类。分类成功与否，体现了研究者对客观世界、研究对象的认识程度。《中国古代衣食住行》内部有着严谨的结构与层次。如论“头衣”（帽子），首先分为头衣、头饰两大类，在头衣下又分出贵族头衣、平民头衣两小类，于贵族头衣下又分论头衣的形制和头衣的质料，而在头衣形制下再分述平时头衣、战时头衣，平时头衣下复分冠与冕、弁两类。通过这样分层分类的介绍，虽然仅是一本小书中的一个章节，却已为读者勾勒出了古代头衣的完整内部系统。而全书则构成了古人服饰、饮食、宫室、车马的系统基础知识库。当然，这样的知识库，建立在对古代文化整体把握了解的基础上。

其实，老师原本打算撰写有关古代礼俗的一套著作，分论古代的衣食住行、婚丧嫁娶、宗族宗法、姓名避讳、迷信禁忌、医疗保健、朝野礼仪，然后在这基础上再撰写总论中国文化的专著。但教务和政务占去了老师太多的时间精力，目前完成的还只有《中国古代衣食住行》这一种。王国维说王念孙欲为《释始》、《释君》诸篇而未就，令人有俄空之憾，然其所成之《释大》已足示后人治诂训之矩矱，“盖大家之书，足以启迪来学者，固不以完阙异也。”（《观堂集林》399页，中华书局，1959年出版）。从治学方法的角度，我想只好以观堂之论暂释老师不能遂其初愿的遗憾了。

以上是我再次学习《中国古代衣食住行》的体会，出版社和责编陈金华同志还命我介绍一下这本书出版以来的社会影响。囿于见闻，我就不敢置喙了。我只知道国外的一些学者曾多次来信向老师索要此书，这当然不足据以论其“影响”。我还知道，在此前此后所公开刊行的一些谈古代文化的书本（恕我就不称之为“论著”了）不重事实者有之，以洋说中者有之，断章取义者有之，歪批错解者有之（当然，袭用老师的论述而不注明者亦有之）。不是还有把《尔雅·释诂》中的文字断句为“林烝、天帝”，从而判定古人把树林称为上帝的吗？所以，我非常理解那些在没有购到《中国古代衣食住行》而图书馆所藏又很不容易借到的情况下不得不破费复印此书的学生。北京出版社慧眼识珠，决定重版此书，于这些学生不啻福音，我这里预先替他们为出版社喝彩。

2001年11月11日匆识于香山

目　录

写在前面

这并不是一本对古代典章制度进行考证的著作；虽然其中时而也有些异于成说的一得之见，但主要的还是从古代诗文中把常见的事实加以概括，并力求通俗地介绍给读者。

在长期从事古代汉语和训诂学的教学过程中，常常发现学生阅读古书的障碍并不完全是由于古今语言的隔膜。有时，古书中的句法、词儿都懂得了，但对原文的理解却还隔着一层。其所以如此，原因之一就是现在的青年对古人生活的情况缺乏了解。语言方面的生疏，还可以凭借着多读和查工具书帮助克服，而关于典章制度，则几乎没有专为今人而写的书可资参考。典章制度的范围很广，上自天文，下至地理，举凡职官、朝仪、婚嫁、丧葬、学校、科举等等，上层建筑的许多领域，都包括在其中。哪些是一般的读者（例如从事与古代文化有关的工作的同志、语文教师、喜欢读点古代诗文的人们）

所常见、所急需，同时也容易理解的呢？我觉得是服饰、饮食、宫室和车马等方面。

编写时考虑到读者水平不一，在有的地方征引了一些前人的说法，而对所引诗文又随时略加注释。前者是为具有一定阅读古书能力的人着想：借此扩大点儿知识面，理解得深些；后者则系针对接触古书机会较少的人而设。一人难调百人口。我想，这样做或许能适应更多的读者的需要吧。

第一编　服装和佩饰

（一）头衣

我们之所以沿用“头衣”这个古代的说法，而不说“帽子”，是因为上古文献中没有“帽”字。直至秦汉时期，头衣还没定名为帽（冒）。

古代的头衣又称元服。因为元本指头。《左传·僖公三十三年》：“〔先轸（晋大夫）〕免胄入狄师，死焉。狄人归其元，面如生。”《仪礼·士冠礼》：“令月（好月份）吉日始加元服。”郑玄注：“元，首也。”《汉书·昭帝纪》：“〔元凤〕四年春正月丁亥，帝加元服。”头衣，元服，都是统称。细分起来，上古贵族男子的头衣有冠、冕、弁。

1. 冠

冠，是一般贵族所戴的普通帽子。男子长到二十岁要行冠礼。《礼记·曲礼上》：“男子二十，冠而字。”（“冠”与“字”都是动词。冠读去声。字，另取别名。）行冠礼时有很繁缛的仪节。少年男子一经行过冠礼，社会和家庭就按成人的标准要求他了，他的一举一动都要合于封建道德。正因为如此，所以古人把戴冠看成是一种“礼”。《晏子春秋·内谏下》：“首服（元服）足以修敬，而不重也。”《晋语》：“人之有冠，犹宫室之有墙屋也。”于是冠就成了贵族的常服。《左传·哀公十五年》记述卫国内乱，子路被人砍断了系冠的缨，他说：“君子死，冠不免。”于是，停下战斗来“结缨”，被对方杀死了。在当时的贵族社会中，当冠而不冠是“非礼”的。例如《晏子春秋·内篇杂上》载：“〔齐〕景公……被发，乘六马，御妇人，以出正闺。刖跪击其马而返之，曰：‘尔非吾君也。’景公惭而不朝。”（闺：宫门。刖跪：因罪被砍去脚的人，这里指受过刖刑而守闺门的人。）不仅帝王将相如此，有“教养”的平民也如此。《后汉书·马援传》载，马援未做官时“敬事寡嫂，不冠不入庐”。

这种规矩一直贯穿在整个封建社会中。陆游《老学庵笔记》卷二："先左丞平居，朝章（朝服）之外，惟服帽衫。归乡，幕客来，亦必著帽与坐，延以酒食。伯祖中大夫公每赴官，或从其子赴仕，必著帽，遍别乡曲。"如果犯了罪，就如同奴仆罪犯，不应戴冠。所以当战国时的赵国公子平原君得罪了信陵君，信陵君准备离开赵国时，平原君要"免冠谢，固留公子"。（《史记·魏公子列传》）摘去冠，以示自己有过错，自降身份。

正因为冠是贵族到了一定年龄所必戴，所以也就成了他们区别于平民百姓的标志，成了达官贵人的代称。李白《古风》二十四："路逢斗鸡者，冠盖何辉赫。"（盖：车盖。）鲍照《代放歌行》："冠盖纵横至，车骑四方来。"如果与"童子"等表示年龄的词语对称，"冠"的意思便偏重于指成人（当然也不是庶民）。《论语·先进》："冠者五六人，童子六七人，浴乎沂，风乎舞雩。"（沂：水名，在今山东省。风：吹风、乘凉。舞雩：祭神求雨的坛。）《曲礼上》又说："人生十年曰幼，学；二十曰弱，冠。"意思是从十岁到不满二十是幼年，任务是学习；二十至二十九岁是弱年，进入这个阶段时要行冠礼。后代即以"弱冠"连称表示年岁。王勃《滕王阁序》："等终军之弱冠。"按，《汉书·终军传》载，终军年十八选为博士弟子，谒者给事中，几年后，"自请愿受长缨，必羁南越王而致之阙下”。王勃所说的“弱冠”就是指二十多岁。同时，因为戴冠就要束发，所以古人又用“结发”、“束发”表示二十岁。如《史记·主父偃列传》：“臣结发游学四十余年。”陈子昂《感遇》三十四：“自言幽燕客，结发事远游。”

古人不戴冠的只有四种人：小孩、罪犯、异族人和平民。

先说小孩。“二十而冠”，二十岁以前则垂发，称为髫。《后汉书·伏湛传》：“髫发厉志，白首不衰。”李贤注：“髫发，谓童子垂发也。”陶潜《桃花源记》：“黄发垂髫，并怡然自乐。”（黄发：指老人。老人长出黄色的头发，是有寿之征。）古人是不剪发的，小孩的头发长了，就紧靠着发根扎在一起，类似后代的“凤尾头”散披于后，这就叫做总发。如果不是把头发扎成一束，而是扎成左右两束，类似后代的抓髻儿，就叫总角，因为它像兽的两只角。《诗经·氓》：“总角之宴，言笑晏晏”，即以总角指年幼之时。

再说罪犯。古代有一种刑罚叫髡，即剃去头发。当时的奴隶多为受了刑罚的罪人，既已剃发，自然不用头衣。未受过髡刑的奴隶通常是青布束头，所以“苍头”也是奴隶。《汉书·鲍宣传》：“苍头庐儿，皆用致富。”颜师古引孟康曰：“汉名奴为苍头，非纯黑，以别于良人也。”上古军队也多由奴隶组成，同样以青布裹头，所以有苍头军之称。《战国策·魏策》："今窃闻大王之卒，武力二十余万，苍头二十万。"

留全发、戴冠（平民戴巾），是当时中原地区的装束，至于远离中原、文化落后的地区，则以披发为常。《论语·宪问》："微管仲，吾其被发左衽矣。"即以"被发左衽"表示被"夷狄"统治同化。

关于平民的头衣，下文另有专节叙述。

2. 冠的形制和部件

说冠是帽子，是就戴在头上而言，其实冠跟后代的帽子形制很不一样。冠并不像现在的帽子那样把头顶全罩住，而是有个冠圈，上面有一根不宽的冠梁，从前到后覆在头顶上。冠的作用也跟现在的帽子不同：主要是为把头发束缚住，同时也是一种装饰。

要戴冠，就要先把束在一起的头发盘绕在头顶处（髻），用纚把头发包住，然后加冠、笄、簪。纚后来又写作缁。这是一块整幅（二尺二寸宽）六尺长的缁帛（黑帛）。因为戴冠必先以纚韬发，所以古人有时称纚以指冠。例如，扬雄《解嘲》："戴縰垂缨而谈者皆拟于阿衡"，戴縰即戴冠。阿衡是商汤的宰相伊尹，这句是说士大夫们都把自己比成古代的贤臣。

笄与簪是一个东西。先秦时叫笄，从汉代起叫簪。笄、簪的作用是横插过头发与冠冕，使之固定。专用以固定头发的是发笄，固定冠冕的叫衡（横）笄。杜甫《春望》："白头搔更短，浑欲不胜簪。"头发短而稀少了，插簪就有了困难。

笄、簪是根细长扦子，一头锐，一头钝，钝的一头并有突出的装饰，一般是竹子做的，所以字从竹。为了防止冠冕掉下去，在冠圈两旁有丝绳，可以在颔（下巴）下打结，把冠圈固定在头顶上。这两根丝绳叫缨。正因为缨关系着冠的固定与否，所以子路的缨被砍断后，他为了不"免冠"才"结缨而死"。缨打结后余下的部分垂在颔下，称为緌，也是一种装饰。系冠还有另外一种办法，即用丝绳兜住下巴，丝绳的两头系在冠上，这根丝绳叫做纮。

簪与缨既然为戴冠所不可少，所以在古代作品中常用以指代冠和戴冠之人（士大夫）。如杜甫诗："空余老宾客，身上媿簪缨。"朱敦儒《相见欢》："中原乱，簪缨散，几时收？"陶潜《和郭主簿（其一）》："此事真复乐，聊用忘华簪。"鲍照《代放歌行》："冠盖纵横至，车骑四方来。素带曳长飙，华缨结远族。"

3. 冕、弁

冕，《说文》："大夫以上冠也，邃延垂旒纨纩。"延，又写作綖，是一块长方形的板。邃的意思是深远，这里指其长形，延覆在头上。旒，又写作瑬，是延的前沿挂着的一串串小圆玉。纩是系在冠圈上悬在耳孔外的玉石，通常叫做瑱。纨是垂在延的两侧用以悬纩的彩绦。旒、纨、纩都是冕的部件。

冕是天子、诸侯、大夫的祭服，后来只有帝王才能戴冕有旒，于是"冕旒"就成了帝王的代称。王维《和贾至舍人早朝大明宫之作》："九天阊阖开宫殿，万国衣冠拜冕旒。"

弁，也是贵族戴的比较尊贵的头衣，有皮弁、爵弁之分。皮弁是用白鹿皮做的，由几块拼接而成，缝制的形式类似后代的瓜皮帽，皮块相连接处缀以许多五彩玉石，称为綦（又写作琪、璂、瑧）。爵弁又称雀弁（爵即雀，二字古字通），是红中带黑色的弁，因其颜色与雀头相近而得名。据说爵弁的形制与冕略同，除颜色外只是无旒、顶上的板前后相平而已（冕则前面略低）。据东汉的《释名》则皮弁、爵弁只是颜色不同，形制完全一样。

冠、冕、弁虽是三物，但由于都是男子的头服，大同小异，所以冠又是三者的总名。

4. 胄

冠、冕、弁都是平时所服，如果是打仗，就还要戴“胄”。胄是古名，秦汉以后叫兜鍪，后代叫盔。兜鍪系取名于胄的形状像鍪。鍪是一种炊具，圆底敛口反唇，即肚略大，鍪边翻卷着，很像现在带翻边的锅。杜甫《垂老别》：“男儿既介胄，长揖别上官。”（介：铠甲。在这里介、胄都当动词用，指披甲戴盔。）辛弃疾《南乡子》：“年少万兜鍪，坐断东南战未休。”这是说孙权年纪轻轻就统率大军，兜鍪指代战士。

兜鍪也简称鍪。扬雄《长杨赋》：“鞮鍪生虮虱，介胄被沾汗。”段玉裁认为鞮是履，鍪是兜鍪，他的话是对的。兜鍪又写作兜牟。《五代史·李金全传》：“晏球攻王都于中山，都遣善射者登城，晏球中兜牟。”

戴胄（兜鍪）时并不摘掉冠，而是在冠弁上加胄。头上戴着胄，见到尊者、长者就要摘掉。例如春秋时晋楚鄢陵之战：“郤至（晋臣）三遇楚子（楚王）之卒，见楚子必下，免胄而趋风（疾趋如风）。楚子使工尹襄（楚臣）问（存问而有所馈赠）之以弓。郤至见客（即工尹襄）免胄承命。”（《左传·成公十六年》）又如秦晋殽之战前，秦军路过周的北门："左右免胄而下，超乘者三百乘。王孙满尚幼，观之，言于王曰：'秦师轻而无礼，必败。'"（《左传·僖公三十三年》）按照周代礼仪，两国交兵，一国之臣遇到对方的国君，仍要行君臣之礼，即使俘虏对方国君时也不例外。郤至每遇楚王就脱去胄，是按"礼"行事。工尹襄是楚君的代表，郤至同样要"免胄"致敬。秦军免胄而跳下战车，也是表示对周的敬意，那么王孙满为什么还要批评他们"轻而无礼"呢？原来周是天子（虽然此时已有名无实），军队路经天子所居之地要把武器收藏起来，铠甲卷起来，仅仅"免胄"是不够的；车上的战士虽然下车了，却又超乘而去，既不合乎"礼"，又表现出秦军的轻脱骄浮。（超乘：从急速行驶的战车上跳下来，接着又跳上车。）

胄不但保护头顶，也能保护面部，因此戴上胄后别人就看不清他的脸。从《左传·哀公十六年》的这段记载可以看出这一点："〔叶公〕及北门，或遇之，曰：'君胡不胄？（胡：何。胄：戴胄。）国人望君若望慈父母焉。盗贼之矢若伤君，是绝民望也，若之何不胄？'乃胄而进。又遇一人，曰：'君胡胄？国人望君如望岁焉（岁：收成），日日以几（几：冀，盼望）。若得君面，是得艾也（艾：止，指放心）。民知不死，其亦夫有奋心，犹将旌君以徇于国，而反掩面以绝民望，不亦甚乎？’乃免胄而进。”戴胄是为防矢，但却“掩面”而不可见；免胄是为了露出面容，这是古代的胄与今天的头盔不同的地方。

5. 头衣的质料

冠在先秦时形制大体一致，但制作的质料和加在上面的装饰品却有多种；秦汉以后冠的形制不断花样翻新，制作也更考究。这些大都是为了标志身份地位或显示财富。对于冠的种类这里不能一一介绍，仅举先秦的几个例子以见一斑。《左传·僖公二十八年》：“初，楚子玉自为琼弁玉缨，未之服也。先战（指城濮之战爆发前），梦河神（黄河之神）谓己曰：‘畀（给）余，余赐汝孟诸之麋（通“湄”，水边，孟诸之麋指宋地）。’弗致也。大心与子西使荣黄谏，弗听。荣季曰：‘死而利国，犹或为之，况琼玉乎？是粪土也。而可以济师（使军队成功），将何爱焉？’弗听。”琼弁，即以美玉装饰的弁；玉缨，是在缨上缀以玉石。子玉作为楚国的当权者、主帅，竟舍不得用来祭河神，可见其宝贵了。又《左传·僖公二十四年》：“郑子华之弟子出奔宋。好聚鹬冠。郑伯闻而恶之，使盗诱之。八月，盗杀之于陈宋之间。君子曰：‘服之不衷（适合），身之灾也。’《诗》曰：‘彼己之子，不称其服。’子臧之服不称也。”以翠鸟的羽毛装饰冠，一定是很好看的，所以子臧竟好之成癖。同时这种鸟毛也很难得，据说鹬产自南方（见《尔雅》注），所以子臧“聚”之。但因为这种冠不合乎法度，所以郑伯恶而杀之，而子臧也受到“君子”（《左传》作者所假托）的批评。

冠的形制有所变化的有：

> 楚文王好服獬冠，楚国效之。（《淮南子·主术训》。按《太平御览》六百八十四卷作“楚庄王好觟冠”。觟与獬通。）
>
> 高余冠之岌岌兮，长余佩之陆离。（《离骚》）
>
> 冠枝木之冠，带死牛之胁。（《庄子·盗跖》）
>
> 使子路去其危冠，解其长剑而受教于子。（同上）

獬（觟）是传说中的一种独角兽，獬冠，可能即以其形类似獬角而得名。按照周代礼制，冠的高度是有一定标准的。屈原说“高余冠”，即加高冠梁，这是不同于凡俗的装束。《盗跖》是篇寓言性的作品，这里引的两句都是盗跖骂孔子的话。“枝木之冠”，是说孔子的冠有很多装饰，枝枝丫丫就像树枝；“危冠”即高冠，与“长剑”都是勇敢者所服。《经典释文》引李颐云：“子路好勇，冠似雄鸡形，背负豭牛，用表已强也。”这种冠不见于其他文献，李颐大概系根据传说而作注。不管是不是鸡形，既有危冠之名，盗跖并以去危冠作为子路弃武从儒的表现，可见是一种特制的冠。至于高适《听张立本女吟》中所说的“危冠广袖楚宫妆，独步闲庭逐夜凉”，则是由后代宫女的装束想象出来的。在先秦，女人不戴冠。

6. 平民百姓的头衣

上文说过，一般非贵族中人是不戴冠的。但也要留全发，上罩头巾，称为帻。《说文》：“发有巾曰帻。”《方言》：“覆结（髻）谓之帻巾。”《释名》：“帻，赜也，下齐眉赜然也。”（赜然：幽深难见的样子。）通过这些汉代著作的解说我们可以知道，帻的作用是盖住发髻，可以一直盖到前额。应劭《汉官仪》上说：“帻者古之卑贱执事不冠者之所服也。”又说：“孝武时天子以下未有帻，元帝额上有壮发，不欲使人见，乃使进帻，群寮随焉。”（均见《太平御览》所引，蔡邕《独断》略同。）从汉代起帻为戴冠者所用，所以颜师古注《急就章》时说：“帻者，韬发之巾，所以整乱发也。常在冠下，或单著之。”整发的作用和加冠的戴法都为汉以前所未有。《汉官仪》还说："帻本无巾，如今'半帻'而已。王莽无发，因为施巾，故里言曰：'王莽头秃，施帻屋。'"（《独断》略同）"本无巾"的话是不对的，既然它是"覆髻"、"韬发"的，当然不能只是一圈儿而不管头顶。说用帻把头顶盖住始于王莽，这是我们的先贤总喜欢把一个东西的创造发明权归于一位名人的毛病导致的误会。

在古代文学、历史文献中不乏关于帻的记载和描述。例如《汉书·东方朔传》："〔馆陶公主〕徒跣顿首谢曰：'身当伏诛，陛下不致之法，顿首死罪。'有诏谢主簪履，起之东箱，自引董君（名偃，馆陶公主的情夫），董君绿帻傅鞲（射箭时用的护臂，这里指套袖一类的东西），随主前，伏殿下。主乃赞：'馆陶公主胞（庖）人臣偃昧死再拜谒。'因叩头谢。上（汉武帝）为之起，有诏赐衣冠上。"颜师古注："绿帻，贱人之服也。"董偃带帻著鞲，是以奴仆身份谒见武帝，其实他平时挥金如土，根本不是这种打扮；武帝既赐衣冠，等于赐给他一定的身份，默许了他与馆陶公主的关系。李白《古风》之八："绿帻谁家子，卖珠轻薄儿"，就是借用《东方朔传》的"绿帻"，指靠不正当手段富贵骄横的人。又如《后汉书·光武帝纪》："三辅（京兆、冯翊、扶风）吏士东迎更始（指刘玄），见诸将过，皆冠帻（等于说戴帻），而服妇人衣诸于、绣镼（同裾。诸于、绣镼皆衣名），莫不笑之。”三辅吏士之所以笑，即因为刘玄的部队衣冠不整，将领还要戴贱者之帻。《世说新语·雅量》：“太傅（指谢安）于众坐中问庾〔子嵩〕，庾时颓然已醉，帻坠几上，以头就穿取，徐答云：‘下官家故有两娑千万〔钱〕，随公所取。’”又，“支道林还东，时贤并送于征虏亭。蔡子叔（名系）前至，坐（座）近林公；谢万石后来，坐小远。蔡暂起，谢移就其处。蔡还，见谢在焉，因合褥举谢掷地，自复坐。谢冠帻倾脱，乃徐起振衣就席，神意甚平，不觉瞋沮。”这个例子说明，汉以后帻、冠可以并戴，也可以只戴帻。冠帻是古人很重视的服饰，一个帻坠而以头就取，一个帻被人弄掉了而不急，都是“雅量”的表现，所以作者刘义庆特别把这些事写出来。

古人的头衣还有所谓陌头。《方言》：“络头，帞头也。自关而西，秦晋之郊曰络头，南楚江湘之间曰陌头，自河以北，赵、魏之间曰幧头。”《释名》：“绡头，绡，钞也。钞（抄）发使上从也。或曰陌头，言其从后横陌（陌，本义为道路，这里指经过）而前也。齐人谓之幨，言幨敛发使上从也。”帞即陌，络与陌通，绡即幧。陌头、绡头、幨，同物而异名，陌是就其缠法而言，绡是就其制料而言（生丝织成），幨是就其功用而言。

陌头类似现在陕北农民用羊肚毛巾包头的方法，从后而前，在额上打结。因为古人在顶上梳髻，这样包头能顺发势兜住使不散下。陌又写作鞨。《列子·汤问》:“南国之人祝（断）发而裸,北国之人鞨巾而裘。”《释文》:“鞨音末。《方言》俗人‘帞头’是也。陌头，幧头也。”绡又写作帩。《陌上桑》:“少年见罗敷，脱帽著帩头。”这说明帩头上面还可以戴帽。

因为绡头是“俗人”所服，所以士族人常以著绡头表示不做官。《后汉书·独行传》：“〔向栩〕少年书生，性卓绝不伦。恒（常）读《老子》，状如学道，又似狂生。好被发著绛绡头。”

古代还有幞头。幞是陌的音变。陆游《老学庵笔记》卷九：“《孙策传》：‘张津常著绛帕头’。帕头者，巾帻之类，犹今言幞头也。”《新唐书·舆服志》说：“幞头起于后周，便武事者也。”其实自古庶民就用幞头；大约从后周起正式进入上层社会并加以美化，创造了多种形式。幞头正式定名时，除保留前额上的结（留有前脚）之外，又在脑后扎成两脚，自然下垂。《老学庵笔记》卷二：“予童子时见前辈犹系头巾带于前，作胡桃结。”可见到南宋时已取消了前边的两脚。后边的两脚左右各一，用金属丝扎起，衬上木片，称为展脚幞头，为文官所戴；后边的两脚在脑后相交，称为交脚幞头，为武官所戴。因为幞头经常是用青黑色的纱做成，所以也叫乌纱，即后代俗称的乌纱帽。

古书上说的“角巾”，其实就是幞头的原始形态。《晋书·羊祜传》：“既定边事，当角巾东路归故里。”《世语新说·雅量》：“有往来者云：‘庾公（指庾亮）有东下意。’或谓王公可潜（暗中）稍严以备不虞。王公曰：‘我与元规（庾亮的字）虽俱王臣，本怀布衣之好。若其欲来，吾角巾径还乌衣（王氏家族在今南京的住地）。’”可见在南朝角巾是在野者的常服。

由此，我们知道，古代说到戴在头上的巾，所指的是经过制作的，类似现代的帽子，与现在所说的手巾、毛巾不是一类东西，虽然在上古是一巾两用的（现在有些农村中还是罩头、洗拭共用一巾）。例如苏轼《念奴娇（赤壁怀古）》：“羽扇纶巾，谈笑间樯橹灰飞烟灭。”纶巾后世又称诸葛巾，就是一种冠。又如《牡丹亭》第六出：“这陆贾秀才，端然带了四方巾，深衣大摆去见汉高皇。”四方巾是明代的一种帽子，呈四方形。

在古代诗词中我们常见到“缠头”一词，这虽然不是陌头之类，但二者却有渊源关系，在这里附带说一说。因为帻巾之类都是以丝织品缠头，所以赠人“缠头”就跟给人汤沐、脂粉钱一样，不过是巧立的一种名目而已。《旧唐书·郭子仪传》：“大历二年二月，子仪入朝，宰相元载、王缙、仆射裴冕、京兆尹黎干、内侍鱼朝恩共出钱三十万，置宴于子仪第，〔代宗〕恩出罗锦二百匹为子仪缠头之费，极欢而罢。”因此，后来又把赠给妓女的丝绸也叫缠头。白居易《琵琶行》：“五陵少年争缠头，一曲红绡不知数。”即使所赠并非缠发之物，也叫缠头。陆游诗：“濯锦江边忆旧游，缠头百万醉青楼（妓楼）。”既言“百万”，可见是钱。

7. 妇女的头饰

唐代以前妇女无冠，现在戏台上用的凤冠出现得很晚。女子十五而笄，即同男子二十而冠一样，把头发盘到头顶上用缅包住，插笄固定，表示从此成人，可以婚配了。所以后代称女子到了结婚的年龄为“及笄之年”或简称“及笄”。

人的头发有美好与不美好的差别。古代很重视妇女头发的美丽。《陈书·高祖纪》：“张贵妃发长七尺，鬒黑如漆，其光可鉴（照出人影）。”古代尺短，但七尺也是难得的，因为陈高祖才“身长七尺五寸”。长了一头又黑又长的头发，是一种自然的美，如果长得不理想呢，就用别人的好头发装饰自己。《左传·哀公十七年》：“初，公（指卫庄公）自城上见己氏之妻发美，使髡，以为吕姜髢”髢就是假发。《诗经·鄘风·君子偕老》：“玼兮玼兮，其之翟也。鬒发如云，不屑髢也。”（玼：鲜明的样子。翟：指翟衣，一种用羽毛装饰的衣服。鬒：黑发。）用“不屑髢”说明发之浓黑如云，可见如果稀少发黄就要“髢”，当然这只是贵族的事。古人既要留全发，如果有人生就的秃顶或头发脱落，为了要跟受髡刑的犯人区分，同时也为了美观，当然就更需要假发。所以扬雄《反离骚》：“资娵娃之珍髢兮，鬻九戎而索赖。”（娵：一说当作须，即闾须；闾须：魏王的美人。娃：吴娃，也指美女。鬻：卖。）这是说买下美女的头发到被发（不需要髢）的地方去求利，是不会达到目的的。这是批评屈原保持着高洁的品行到楚国从政，又想实现自己的理想，是很不现实的。由此可见，在古代早就有卖美发的事。《世说新语·贤媛》载，陶侃年轻时家境贫困，有一次，一位朋友在冰雪天带着很多仆从来投宿，陶家一无所有，无法招待，“侃母湛氏语侃曰：‘汝但出外留客，吾自为计。’湛头发委地，下为二髢，卖得数斛米，斫诸屋柱，悉割半（锯下柱子的半边）为薪，剉（铡断）诸荐（席子）以为马草，日夕遂设精食，从者皆无所乏。”卖髢所得足以这样招待客人，说明古代的髢是相当珍贵的。

妇女的笄簪是很讲究的。《周礼》上有天子用“玉笄”的说法（见“弁师”、“追师”）。《西京杂记》：“武帝过李夫人，就取玉簪搔头，自此宫人搔头皆用玉，玉价倍贵焉。”后代因此又称簪为“搔头”，冯延巳《谒金门》：“斗鸡阑干独倚，碧玉搔头斜坠。”笄、簪后来稍稍演变就是钗，钗不过是两个细尖（很像叉子）的簪罢了。

簪子上不但镶以珠玉，后来又在簪的根部缀上珠玉垂下来，称步摇，因为人一动它就摇晃。白居易《长恨歌》：“云鬓花颜金步摇，芙蓉帐暖度春宵。”

当然，以上所说的都是贵妇人的首饰，至于穷苦人，就只能用骨、竹乃至荆条作簪、钗。李山甫《贫女诗》：“平生不识绣衣裳，闲把荆簪益自伤。”王安石《杏花诗》：“野女强篸（同簪）看亦丑，少教憔悴逐荆钗。”《列女传》载，后汉梁鸿的妻子“荆钗布裙”，也是因为梁鸿家贫，而且他立志隐居深山，希望妻子是“裘褐之人”。后代以“拙荆”为对人谦称自己妻子的词儿，其中“荆”即“荆钗”之省。

（二）体衣

1. 衣与裳

当衣与裳并举时，衣指上衣。

短上衣叫襦。《说文》："襦，短衣也。一曰䰴衣。"䰴衣就是暖衣，意思是说襦是御寒衣。襦又有长襦、短襦的区别。长襦称褂，童仆的长襦叫裋，短襦又叫腰襦。但是在古代作品里一般只称襦，不分长短。例如辛延年《羽林郎》："长裙连理带，广袖合欢襦。"《世说新语·夙惠》："韩康伯数岁，家酷贫，至大寒，止得襦，母殷夫人自成之。"苏轼《喜雨亭记》："使天而雨珠，寒者不得以为襦；使天而雨玉，饥者不得以为粟。"但诗文中却说"腰襦"。例如《孔雀东南飞》："妾有绣腰襦，葳蕤自生光。""小襦"可能就是腰襦。杜甫《别李义》："忆昔初见时，小襦绣芳荪。"

既然襦本身就有长有短，为什么又说襦是"短衣"呢？这是与"深衣"相对而言的。《礼记》有《深衣》篇，《经典释文》引郑玄注："深衣者连衣裳而纯之以采也。"（纯：镶衣边。）《深衣》说："短毋见肤，长毋被土。"深衣长至踝部，襦与之相比，的确是短衣。郑注又说：“有表则谓之中衣，以素纯则曰长衣也。”这是说“深衣”一物而两名，就其外面还加罩衫而言，又叫中（内）衣。可见深衣是贴身穿的。（表：在外面再加一件衣服。素：没有颜色的帛。）

襦是一般人（包括奴仆）平时所服，深衣（中衣，长衣）则是贵族上朝和祭祀时穿的，庶人以深衣为礼服。

古代上衣也有单、夹之分。《说文》：“禅，衣不重。”“袷（夹），衣无絮。”《世语新说·夙惠》：“晋孝武年十二时，冬天昼日不著复衣，但著单练衫五六重。”古诗《妇病行》：“乱曰：抱时无衣，襦复无里。”《释名》：“有里曰袪，无里曰禅”。襦而没有里子，那是已经破烂成单衣了。复襦也可在里面加絮（依王念孙说，见《广雅疏证·释器》）。《孤儿行》：“冬无复襦，夏无单衣。”这个复襦可能就指有絮的襦。《世说新语·方正》：“山公（名该）大儿著短袷车中倚。”短袷恐即无絮的复襦。单衣（禅）又叫衫。《孟子·尽心下》：“舜之饭糗（干粮。详下）茹（吃）草也，若将终身焉，及其为天子也，被袗衣，鼓琴。”

贴身穿的上衣又称为“亵衣”。《汉书·叙传》：“夫饿馑流隶，饥寒道路，思有短褐之亵，儋（担）石之畜（蓄），所愿不过一金。”颜注：“亵谓亲身之衣也。”司马相如《美人赋》：“女乃弛其上服，表（露出）其亵衣。”亵衣也就是中衣，古代写作衷衣。《说文》：“衷，里亵衣。《春秋传》曰：‘皆衷其衵服。’”“衷”即贴身穿，衵即贴身衣，也就是亵衣。《红楼梦》第六回：“〔袭人〕趁众奶娘丫环不在房时，另取出一件中衣，与宝玉换上。”亵衣又称为“私”。《说文》：“亵，私服也。”《诗经·周南·葛覃》：“薄污我私，薄澣我衣。”（污，等于说费力地洗。）又称泽，是因为贴身而沾汗泽。《释名》：“汗衣，诗谓之泽，受汗泽也。”《诗经·秦风·无衣》：“岂曰无衣，与子同泽。”郑笺：“泽，亵衣，近污垢。”

古代的罩衣叫裼。《礼记·玉藻》：“君衣狐白裘，锦衣以裼之……君子狐青裘豹褎（同袖），玄绡衣以裼之……犬羊之裘不裼。”这是说国君和贵族穿狐皮的裘，都要罩上与狐毛颜色相宜的裼衣。庶人穿犬羊之裘，不加裼。裼的作用是给衣着增添文饰。《玉藻》：“不文饰也，不裼。裘之袭也，见美也。”郑玄注：“裼，主于有文饰之事。”袭，即衣上加衣。衣加文饰是一种礼仪的要求，所以《玉藻》又说：“君在则裼，尽饰也。”例如《左传·哀公十七年》载，卫太子疾要杀掉浑良夫，卫侯说，当初跟浑良夫订盟，允许免除浑良夫的三次死罪，于是太子疾让浑良夫陪着卫侯进食，“良夫乘衷甸、两牡、紫衣、狐裘，至，袒裘，不释剑而食。太子使牵以退，数之以三罪而杀之。”三罪即衷甸（卿乘坐的车）、紫衣（国君之服）、袒裘带剑（对君不敬）。所谓袒裘，即解开裼衣露出了狐裘，这是很“不礼”的。

裼衣外还可以再加上一层外衣，谓之正服。《左传·哀公十七年》孔颖达疏：“裼衣之上乃有朝祭正服，裘上有两衣也。”如果脱去最外面这件衣服，又露裼衣呢？也叫裼，或称袒裼。《仪礼·聘礼》：“宾出，公侧授宰玉，裼，降立。”郑注：“裼者，免上衣，见（现）裼衣。”《内则》：“不有敬事，不敢袒裼。”由于袒裼是脱去外面的正服露出裼衣，所以又引申为脱掉衣服露出肌肤。《孟子·公孙丑上》：“故曰，尔为尔，我为我，虽袒裼裸裎与裸同义）于我侧，尔焉能浼（污）我哉！”“袒”的本义就是露体。《礼记·曲礼上》：“冠毋免，劳毋袒。”孔疏：“袒露身体。”袒又专指露出臂膀。《汉书·高帝纪》：“于是汉王为义帝发丧，袒而大哭。”颜注：“袒谓脱衣之袖也。”脱衣之袖为袒，袖有左右，因此又有左袒、右袒之分。《仪礼·觐礼》载，诸侯向天子请罪，“乃右肉袒于庙门之东”。郑注：“右肉袒者，刑宜施于右也。”《史记·廉颇蔺相如列传》：“廉颇闻之，肉袒负荆（荆条，可以当鞭子，表示甘愿受罚），因宾客至蔺相如门谢罪。”廉颇也应是右袒。郑注又说：“凡以礼事者左袒。”《礼记·檀弓下》：“延陵季子适（往）齐，于其反也，其长子死……既封（堆起坟头），左袒。”红白喜事都是“礼事”，所以左袒。据此，刘邦哭义帝时也应该是左袒。

附带说说襜褕和衫。《释名》：“褔，属也，衣、裳上下相连属也。荆州谓禅衣曰布褔，亦曰襜褕，言其襜褕宏裕也。”《史记·魏其武安侯列传》：“元朔三年，武安侯〔田恬〕坐衣襜褕入宫，不敬，〔国除。〕”《索隐》：“襜褕谓非正朝服，若妇人服也。”《汉书·外戚恩泽表》记载此事，颜师古注云：“襜褕，直裾禅衣也。”古书旧注一说襜褕为短衣，依据上述三家之说，恐怕还是衣、裳相连博大舒适的禅衣，为平日家居所穿。（关于“裾”，详下。）

衫字的出现较晚。《说文新附》：“衫，衣也。”其实就是《说文》的衧字：“衧，衣博大。”《释名》：“衫，芟也，芟无袖端也。”衣服博大穿着轻松，没有袖端（即今舞台上古装的“水袖”，详下），穿着方便（依今人黄焯先生说）。马缟《中华古今注》：“古妇人衣裳相连。始皇元年，诏宫人及近侍官人皆服衫子，亦曰半衣，盖取便于侍奉。”后代的衫即泛指长衫。如元稹《六年春遣怀之一》：“重行犹存孤枕在，春衫无复旧裁缝。”白居易《琵琶行》：“座中泣下谁最多？江州司马青衫湿。”春衫盖平日所穿，而青衫已是指官服了。

古代的上衣还有“裆”，也写作当；又称裲裆、两当。《释名》：“裲裆，其一当胸，其一当背也。”《广雅·释器》：“裲裆谓之袹腹。”袹腹，《释名》作帕腹，“横帕其腹也。”《仪礼·乡射礼》：“楅……其中蛇交，韦当。”（楅，指插箭的器具。蛇交，画成蛇身相交的图案。韦：熟牛皮。）郑注：“直（值）心背之衣曰当。”可见裆类似今天的背心、马甲。但肩部稍宽，即《唐书·车服志》所说“短袖覆膊”。《隋大业长白山谣》：“长白山头知世郎，纯著红罗锦背裆。”《乐府·企喻歌辞》：“前行看后行，齐著铁裲裆。”沈约《歌辞》：“阳春二三月，单衫绣裲裆。”

裳，在《说文》为“常”的异体字。“常，下裙也。裳，常或从衣。”“帬（裙）”下云“下裳也”。常、裙二字互训，说明裳就是裙。《诗经·小雅·斯干》：“乃生男子，载寝之床，载衣之裳，载弄之璋。”郑笺：“裳，昼日衣也。”又《豳风·七月》：“八月载绩，载玄载黄，我朱孔阳，为公子裳。”《释名》：“裙，下裳也。裙，群也，联接群幅也。”怎样联接群幅呢？《仪礼·丧服》郑注：“凡裳，前三幅后四幅也。”古代布帛幅窄，只有二尺二寸。七幅，计十五尺四寸。古代尺短，即使如此，折合成今尺也有四米多了。

2. 寒衣

以上介绍的都是单、夹衣，下面谈谈冬季御寒的衣服。

（1）裘

古人最常见的冬服是裘。

裘是皮衣，毛向外，所以《说文》在“表”字下说：“古者衣裘以毛为表。”上文说过，贵族穿裘，在行礼或待客时要罩上裼衣以增加服饰的文采。这是因为兽毛外露，通体一个颜色，不好看。例如《周礼·司裘》：“掌为大裘，以共（供）王祀天之服。”郑众注：“大裘，黑羔裘，服以祀天，示质。”所谓质，即朴实无华。

用以做裘的皮毛多种多样，例如狐、虎、豹、熊、犬、羊、鹿、貂，后来还有狼裘、兔裘等。其中狐裘和豹裘最为珍贵，为达官贵人所服，鹿裘、羊裘则最一般。例如《吕氏春秋·分职》：“卫灵公天寒凿池，宛春谏曰：‘天寒起役，恐伤民。’公曰：‘天寒乎？’宛春曰：‘公衣狐裘，坐熊席，陬隅（屋角）有灶，是以不寒。民则寒矣。’公曰：‘善！’令罢役。”《左传·襄公十四年》：“右宰偲从而逃归，卫人将杀之。辞曰：‘余不说初矣，余狐裘而羔袖。’乃赦之。”偲是卫国大夫，卫献公逃往齐国，他先跟从逃亡，后来又回到卫国，国内反对献公的一派要杀他，他说当初就不愿意出亡，并以狐裘羔袖打比方，卫人果然饶了他。杜预解释道：“言一身尽善，惟少有恶，喻己虽从君出，其罪不多。”狐裘是珍贵的，只有袖子是羔皮，所以用来比喻过失是局部的。

狐裘的价值也并不一，狐腋下之皮毛最为轻暖，因而是最高级的。狐腋纯白，所以又称狐白裘。古书中提到这种裘的地方很多，都反映了服之者的高贵身份。如《晏子春秋·外篇》：“〔齐〕景公赐晏子狐白之裘，玄豹之茈（同衹、背，指衣边），其资（价值）千金。”《史记·孟尝君列传》：“〔秦昭王〕囚孟尝君，谋欲杀之。孟尝君使人抵昭王幸姬求解。幸姬曰：‘妾愿得君狐白裘。’此时孟尝君有一狐白裘，直千金，天下无双，入秦献之昭王，更无他裘。”一裘千金并非夸张，齐景公赐给晏子的也是如此昂贵。《墨子·亲士》：“江河之水，非一源之水也；千镒（二十四两）之裘，非一狐之白也。”（《说苑》等书中也有这类的说法。）

就是李白《将进酒》中说的“五花马，千金裘，呼儿将出换美酒，与尔同销万古愁”，也并不能以“吹牛”视之。

狐、貂、貉所制的裘既然名贵，所以在古代作品里就拿来做富有的象征。例如高适《营州歌》：“营州少年厌原野，狐裘蒙茸（毛乱的样子）猎城下。”杜甫《自京赴奉先县咏怀五百字》：“煖客貂鼠裘，悲管逐清瑟。”陆游《三月十七日夜醉作》：“去年射虎南山秋，夜归急雪满貂裘。”《论语·子罕》：“子曰：‘衣敝缊袍，与衣狐貉者立而不耻者，其由（由：子路的名）也与？’”“衣狐貉”即穿着名贵的狐皮或貉皮的裘。

因为这些皮料又轻又暖，所以又统称轻裘、轻暖。《论语·公冶长》：“子路曰：‘愿车马，衣轻裘，与朋友共，敝之而无憾。’”《孟子·梁惠王上》：“抑轻暖不足于体与？”蔡邕《衣箴》：“今人务在奢，严志好美饰。帛必薄细，衣必轻暖。”

上面提到的“羔裘”是羊皮衣中的高级品，与一般的羊裘不能并论。《左传·昭公二十九年》：“〔鲁昭公〕赐公衍羔裘，使献龙辅（玉名）于齐侯，遂入羔裘，齐侯喜，与之阳谷。”齐侯因得一件羔裘而把阳谷邑给了公衍，虽不能说这羔裘价值连城，但其贵重也很可观了。《论语·乡党》：“缁衣，羔裘。”皇侃疏：“是君臣日视朝之服也。”至于羊裘就不同了。《淮南子·齐俗训》：“贫人则夏披葛带索”，“冬则羊裘解札”。因此衣羊裘常常说明一个人的贫困。《史记·刘敬列传》：“娄敬（后改姓刘）脱輓辂，衣其羊裘，见齐人虞将军曰：‘臣愿见上（指刘邦）言便事。’虞将军欲与之鲜衣，娄敬曰：‘臣衣帛，衣帛见；衣褐，衣褐见，终不敢易衣。’”娄敬把羊裘跟“褐”（粗麻、毛的编织品，详下）相提并论，而又与“鲜衣”、“帛”相对而言，可见确为贫者所服。《后汉书·马援传》：“〔援〕至有牛马羊数千头，谷数万斛……乃尽散以班（颁）昆弟故旧，身衣羊裘皮绔。”这是说马援自己生活简朴。羊毛可以做毡，羊裘日久，毛变得板硬也像毡，所以羊裘又称毡裘，多用以表现北方的生活。《史记·苏秦列传》：“君诚能听臣，燕必致毡裘狗马之地。”（《战国策》略同。）蔡琰《胡笳十八拍》：“毡裘为裳兮骨肉震惊。”

鹿裘也是粗劣之裘，大约是因为上古中原地区鹿较易得而皮又不如狐、羔轻暖的缘故。《列子·天瑞》：“孔子游于太山，见荣启期行乎郕之野，鹿裘带索（用绳子系腰）。”《史记·自序》：“夏日葛衣，冬日鹿裘。”《淮南子·精神训》：“文绣狐白，人之所好也；而尧布衣掩（掩）形，鹿裘御寒。”《晏子春秋·外篇》：“晏子相〔齐〕景公，布衣鹿裘以朝。公曰：‘夫子之家，若此其贫也，是奚（何）衣之恶也？’”

（2）袍、襺

袍、襺（同茧）也是御寒之服。《说文》：“袍，襺也。《论语》曰：‘衣敝缊袍。’”“襺，袍衣也。以絮曰襺，以缊为袍。”《礼记·玉藻》：“纩为茧，缊为袍。”郑注：“衣有著之异名也。纩谓今之新绵也，缊谓今纩及旧絮也。”《说文》：“缊，绋也。”“绋，乱枲也。”综合起来看，袍与襺的区别在于絮（“著”）在衣服里子与面子之间的东西不同，絮新丝绵的叫茧（襺），絮乱麻和旧丝绵的叫袍。显然，袍是比较低级的。《诗经·秦风·无衣》：“岂曰无衣，与子同袍。”这首诗写的是即将走上战场的战士，彼此间相互鼓励。袍是战士所服。《论语·子罕》：“衣敝缊袍，与衣狐貉者立而不耻者，其由也与？”缊袍而且破，跟狐貉之裘形成了鲜明的对比。《后汉书·羊续传》载，汉灵帝想让羊续当太尉。按当时的习惯，羊续应该献上一千万钱，而且对皇帝派来取钱的人也要送大笔钱财，但羊续“乃坐使人于单席，举缊袍以示之，曰：‘臣之所资，惟斯而已。’左右白之，帝不悦，以此故不登公位”。羊续以简朴不贪著称，在这以前他任南阳太守时，即“常敝衣薄食，车马羸败，其资藏惟有布衾、敝袛裯，盐麦数斛而已”。乱麻和旧绵絮做成的缊袍，正与他的性格和生活状况相符。《史记·范雎蔡泽列传》载，范雎改名张禄，在秦做相，魏之须贾出使到秦，范雎装成佣人的样子去看他，须贾说：“范叔一寒如此哉！”“乃取一绨袍以赐之。”绨是较粗糙的丝织品，这里的袍也是缊袍，对于“为人庸赁”的劳动者来说，已是很好的寒衣了，所以后来范雎在数落了须贾的过错之后说：“公之所以得无死者，以绨袍恋恋，有故人意，故释公。”

茧（襺）则比较高级。《左传·襄公二十一年》：“方暑，阙地下冰而床焉，重茧衣裘，鲜食而寝。”这是记述楚国的申叔豫装病的情况。暑天穿了两件茧，又套上裘，以示身体极为虚弱，但又热得受不了，所以在地上挖坑，放下去冰块，再摆卧具躺在上面。杜预解茧为棉衣，孔颖达说是新丝绵絮的袍子，都与《说文》、郑注相合。絮是由茧抽缫而成的，所以把绵絮也叫茧，再进而把絮绵的袍子叫茧，这是很自然的。段玉裁说：“絮中往往有小茧，故絮得名茧。”这倒不见得，有小茧的絮是制造得粗糙的或是今之所谓“丝绵头儿”。

古人的丝绵絮在穿脏了以后要在河面上洗。《庄子·逍遥游》："宋人有善为不龟手之药者，世以洴澼绌（纩）为事。"《经典释文》引李颐说："洴澼绌者，漂絮于水上。"洴澼又叫漂。《史记·淮阴侯列传》："信钓于城下，诸母漂，有一母见信饥，饭信，竟漂数十日。"《集解》引韦昭说："以水击絮为漂。"这两个例子同时说明，远在先秦和汉代就有人以洗丝絮为业，足见以丝絮做衣、拆洗丝绵衣在当时是很普遍的。

袍有另一种含义。《广雅·释器》："袍，长襦也。"《释名》："袍，丈夫著，下至跗（脚背）者也。袍，苞也。苞内衣也。妇人以绛作，衣裳上下相连，四起施缘，亦曰袍。"《礼记·丧大记》："袍必有表，不禅，衣必有裳，谓之一称。"（表：指罩衣。一称：等于说一副、一套。）郑注："袍，亵衣，必有以表之乃成称也。"清人任大椿《深衣释例》说："盖袍为深衣之制，特燕居便服耳，故云亵衣。若无衣以表之则不成称。"这样看来，另一种袍类似后来的长袍、大褂，单层，因为是贴身穿的，不便裸露，所以要在外面再加一层衣。这和现在不宜穿着睡衣衬裤见客是一个道理。

3. 上衣的形制和部件

（1）衣领

古代的衣领有两种。最常见的是交领，即衣领直连左右衣襟，衣襟在胸前相交，领子也随着相交。现在舞台上古装戏的男子服装多是交领。另一种是直领，即领子从颈后沿左右绕到胸前，平行地直垂下来，也就是古装戏里的女子服装或官员、员外等在家时穿的那种衣服。《方言》："袒饰谓之直衿（领）。"郭璞注："妇人初嫁所著上衣直衿也。"《汉书·景十三王传》："时爱（荣爱，广川王之姬）为去（刘去，广川王名）刺方领绣。"晋灼注："今之妇人之直领也。绣为方领上刺作黼黻文。"

（2）衣襟

衣襟是与领相应的。交领的衣襟向右掩（即左襟压右襟），在右腋下用两根细带相系。衣襟又称衽，所以《论语·宪问》说："微管仲，吾其被发左衽矣。"右衽是中原地区之服，左衽与被发都是边远、文化不发达地区的服饰。后代即以"左衽"指不服从朝廷的远方敌人。《陈书·宣帝纪》："左衽已戡，干戈载戢。"

衽又称袷、衿、襟。《说文》："衽，衣袷也。""袷，交衽也。”《尔雅·释器》：“衣眥谓之襟。”（眥：眼眶，这里指两衽相交处。）因为衣领与衣襟是同一幅布连裁下来的，衣襟相交，领也就相交，所以古人说“交领”也就是指“襟”。进而襟（衿）又可以指衣领。《诗经·郑风·子衿》：“青青子衿，悠悠我心。”《毛传》：“青衿，青领也。”孔疏：“衿是领之别名。”但在古代作品中提到的襟，含义一般都与今天相同。例如杜甫《蜀相》：“出师未捷身先死，长使英雄泪满襟。”《汉书·苏武传》：“李陵曰：‘……嗟乎，义士！陵与卫律（本胡人，由汉降匈奴，封王）之罪通与天。’因泣下霑（沾）衿。”今天成语有“正襟危坐”，意即敛正衣襟端正地坐着。因为衣襟正当胸部，所以又说胸襟、襟怀。

（3）衣裾

在古代作品中还常常见到裾字。《汉书·邹阳传》：“今臣尽智毕议，易精极虑，则无国不可奸（同干，干谒）；饰固陋之心，则何王之门不可曳长裾乎？”曹植《神女赋》：“践远游之文履，曳雾绡之轻裾。”《晋书·许允传》：“〔许〕允入，须臾便起，妻捉裾留之。”又《温峤传》：“温峤为刘琨右司马，琨使峤至江南奉表劝进，峤欲将命，其母固止之，峤绝裾而去。”对于裾到底是衣的前襟还是后摆，历来说法不一。从上面所引的几个例子可以得到证明：言曳，即拖着，显然裾应在后；许允由坐而起，其妻自是以后捉之；温峤欲去，其母也必是从后捉裾，于是他才“绝裾”。

（4）袖子

袖字又写作褎。古代的袖子较长，垂臂时手不露出，所以古代作品中常提到“长袖”。如《史记·范雎蔡泽列传》：“韩子曰：‘长袖善舞，多钱善贾。’信哉，是言也。”曹植《七启》：“长袖随风，悲歌入云。”修有长的意思，所以又说“修袖”。张衡《南都赋》：“修袖缭绕而满庭，罗袜蹑蹀而容与。”曹植《洛神赋》：“扬轻袿之猗靡，翳修袖以延伫。”古代的袖子不但长，而且宽大，所以又称“广袖”。梁简文帝《小垂手》：“舞女生西秦，蹑影舞阳春。且复小垂手，广袖拂红尘。”梁元帝《歌曲名诗》：“縠衫回广袖，团扇掩轻纱。”宽而长的袖子并非只是跳舞时所穿，《后汉书·马廖传》：“城中好大袖，四方全匹帛。”可见是社会风尚。《汉书·佞幸传》载，董贤以仪貌受到汉哀帝的宠幸，“常与上（皇帝）卧起。尝昼寝偏藉（压住）上袖，上欲起，贤未觉（醒），不欲动贤，乃断袖而起。”袖被压而可剪断，可见较长。古代作品中说奋袖、振袖、挥袖、拂袖，也都是因为袖子长。例如杨恽《报孙会宗书》：“奋袖低昂，顿足起舞。”张协《洛禊赋》：“振袖生风，接衽成帏。”《宋史·刘沆传》：“〔沆〕奉使契丹，馆伴杜防强沆以酒，沆霑醉，拂袖起，因骂之，坐是出知潭州。”也是因为袖大，所以可以藏物。《宋史·石元孙传》：“贾昌朝因入对，探袖出《魏志·于禁传》以奏。”《史记·信陵君列传》写信陵君去接管晋鄙的军队，朱亥“袖四十斤铁椎，椎杀晋鄙”。装书、藏椎，袖子窄小了是不行的。

袖又称袂。《礼记·深衣》：“袂之长短，反诎之及肘。”这是说，袖子的长短标准是从手部向上反折，要达到肘部，也就是袖长是臂长的一点五倍。这是“法定”的长度，在实际生活中未必如此严格。因为袂与袖同义，所以也就和“袖”一样，可以说长袂、修袂、广袂、奋袂、振袂、挥袂等。

古代还有“袪”，《说文》：“衣袂也。”清代朱骏声在《说文通训定声》中说：“析言之则袂口曰袪，统言之则袪亦言袂也。”“析言之袖曰袂，袂口曰袪。”所谓袂口，即像今天古装戏中的“水袖”。《左传·僖公五年》：“公使寺人披伐蒲。〔重耳〕踰垣而走，披斩其袪，遂出奔翟。”孔疏：“其袂近口又别名为袪。此‘斩其袪’，斩其袖之末也。”既然“统言”袪也指袖，所以在哪里是专指，哪里是泛指，就要结合上下文来判断了。例如《诗经·郑风·遵大路》："遵大路兮，掺执子之袪兮。"又《唐风·羔裘》："羔裘豹袪，自我人居居。"《毛传》并云："袪，袂也。"这是因为《遵大路》是写挽留"君子"的，揽袖并不一定是非揽袖口不可。《羔裘》的下一章说，"羔裘豹褎"，两章为避重、换韵而变字，这是民歌常用的手法，若解为袖口，反而显得原诗啰唆了。

（5）衣带

古人的上衣外面要系带。《礼记·深衣》："带下毋厌（压）髀，上毋厌胁（肋骨），当无骨者。"《说文》："带，绅也。男子鞶带，妇人带丝。"又云："绅，大带也。""鞶，大带也。"鞶带即革带。综合起来看，大带用以束衣，革带用以佩物，革带不直接系在身上而是系到大带上。至于《说文》之所以说鞶是大带，那是因为"通言之，革带亦或谓之大带"。（孙诒让《周礼正义》）

大带可以用丝。《诗经·曹风·鸤鸠》："淑（善）人君子，其带伊丝。"郑笺："其带伊丝，谓大带也。大带用素丝，有杂色饰焉。"根据《玉藻》可以知道，在上古，诸侯和大夫都用素丝带，士用练（煮过而较洁白的丝），并饰以黑边。后代有所谓金带、玉带，都是在带上饰以金、玉，是官员的服饰。《老学庵笔记》卷一："方腊破钱塘时，朔日，太守客次有服金带者数十人，皆朱勔家奴也。"又，"绍兴三年，兵革初定，始诏依故事服金带。"《新唐书·王播传》："〔王播〕自淮西还，献玉带十有三，遂得再相。"

"绅"在《说文》中虽然也解为大带，但《玉藻》说："子游（孔子的弟子）曰：'参分带下，绅居二焉。"“凡侍于君，绅垂。"郑注："绅，带之垂者也。"即绅是大带结住后余下下垂的部分，许慎的解释是"统言"。《论语·卫灵公》："子张问'行'。子曰："'言忠信，行笃敬……'子张书诸绅。"因为绅是下垂部分，所以可以提起来临时当做记录本。又《乡党》："疾，君视之，东首（头向东躺着），加朝服，扡（拖）绅。"站着绅自然下"垂"，躺着只好"拖"。皇侃疏："孔子既病，不能复著衣，故加朝服复之体上，而牵引（拖）大带于心下，如健时著衣之为。"

古代作品中常常提到缙绅（搢绅、荐绅）。这是古代官员的装束，因而也作为官员的代称。《说文》："缙，帛赤色也。"《后汉书·朱景王杜等传》："宰辅五世，莫非公侯，遂使缙绅道塞，贤能蔽壅。"颜师古据《说文》作注："缙，赤色也。绅，带也。或作'搢'，搢，插也，谓插笏于带也。”（《说文新附》：“搢，插也。”）《史记·封禅书》：“其语不经（常）见，缙绅者不道。”《集解》：“李奇曰：‘缙，插也。插笏于绅，绅，大带。’”《索隐》：“姚氏云：‘缙，当作搢。’郑众注《周礼》云：‘缙读为荐，谓荐之于绅带之间。’”从古代文献使用这三个词的情况看，三词同义，不应一解作素色带，一解作插于带。李奇、郑众的说法是对的。缙、荐是搢的假借字。《史记·五帝本纪》：“百家言黄帝，其文不雅驯（训），荐绅先生难言之。”《集解》：“徐广曰：‘荐绅，即缙绅也，古字假借。’”颜师古注《汉书·郊祀志》说：“插笏于大带与革带之间耳，非插于大带也。”笏是古代君臣朝见时手里拿着的狭长板子，用来说话时指指画画或记事。《礼记·玉藻》：“凡有指画于君前用笏。”又称手板。《梁书·刘孺传》：“后侍宴寿光殿，诏群臣赋诗，时孺与张率并醉，未及成，高祖取孺手板题戏之曰：‘张率东南美，刘孺洛阳才。揽笔便应就，何事久迟回？’”

4. 胫衣

（1）裤子

“裤”字古代写作绔、袴。《说文》：“绔，胫衣也。”《释名》：“袴，跨也。两股（大腿）各跨别也。”段玉裁说：“绔，今所谓套裤也。”这说明古代的裤子没有裆，只有两个裤筒，套在腿上，上端有绳带以系在腰间。袴又称褰、襗。《说文》：“騫，绔也。”“襗，绔也。”《方言》：“绔，齐鲁之间谓之襳。”襳即褰的俗字。襗为亵衣（见上文），可能因为裤也是近身受污泽，所以用襗为别名。

《礼记·内则》：“〔童子生〕十年，出就外傅（老师），居宿于外，学书记，衣不帛襦袴。”郑注：“不用帛为襦袴，为大温伤阴气也。”大约小孩的裤用麻织品，这与后代棉、皮套裤只适用于老人、病人是一样的。

纨袴为有钱人的服装，所以后来专用以指富贵人家不务正业的子弟。因为纨是织造较为细致的生绢。《汉书·叙传》：“〔班伯〕与王〔凤〕、许〔商〕子弟为群，在于绮襦纨绔之间，非其好也。”颜注：“纨，素也。绮，今细绫也。并贵戚子弟之服。”杜甫《奉赠韦左丞丈二十二韵》：“纨袴不饿死，儒冠多误身。”陆游《书叹》：“布衣儒生例骨立，纨袴市儿皆瓠肥。”（瓠：即葫芦。）两首诗都以纨袴与儒生对比，即包含着纨袴者不学习、不向善之意。

若以毛皮为袴，就是简朴艰苦的了。上文所引《后汉书·马援传》例：“〔援〕至有牛马羊数千头，谷数万斛……乃尽散以班（颁）昆弟故旧，身衣羊裘皮袴。”《旧唐书·娄师德传》：“娄师德为丰州都督，衣皮袴率士屯田，积谷百万。”“韦”即皮（见上），所以又说韦袴。《后汉书·祭遵传》：“遵为人廉约小心，克己奉公，赏赐辄尽与士卒，家无私财，身衣韦袴布被。”

古书上曾提到“穷袴”，其形制就跟现在的裤子差不多了。《汉书·外戚传》：“左右及医皆阿意言宜禁内（指宫人），虽宫人使令皆为穷绔，多其带。”服虔注：“穷绔有前后裆。”颜师古注：“即今绲裆袴也。”这种裤子通常称为裈。《说文》：“幝，幒（同衳）也。裈，幝或从衣。”段玉裁说：“自其浑合近身言曰幝，自其两袛（裤管）孔穴言曰幒。”“若今之满裆裤，古谓之幝。”颜师古注中的绲也就是裈。《晋书·阮籍传》：“独不见群虱之处裈中，逃乎深缝，匿乎坏絮，自以为吉兆也。行不敢离缝际，动不敢出裈裆，自以为得绳墨（规矩）也。君子之处域中，何异夫虱之处裈中乎？”《世说新语·任诞》：“〔刘〕伶曰：‘我以天地为栋宇，屋宇为幝衣。诸君何为入我幝中？’”因为魏晋南北朝放诞之士有意穿裈，所以有人戏以裈为晋服。《老学庵笔记》卷八：“翟耆年字伯寿……巾服一如唐人，自名唐装。一日往见许颛彦周，彦周髽髻，着犊鼻裈，蹑高屐出迎。伯寿愕然。彦周徐曰：‘吾晋装也，公何怪？’”

《史记·司马相如列传》：“乃令〔卓〕文君当垆（酒店放置酒坛的炉形土墩），相如自著犊鼻裈，涤器于市中。”《集解》：“韦昭注曰：‘今三尺布做形如犊鼻矣。’”颜师古说：“即今之衳也。形似犊鼻，故以名云。”《玉篇》：“衳，小裈。”这样看来，犊鼻裈很类似现在的裤衩、短裤。在古代这是贫贱劳作者所穿。司马相如在市场上大穿其犊鼻裈，也是为了显其贫贱以出老丈人卓王孙的丑。

和上衣一样，为了御寒，裈可以做成夹的，或絮进棉、麻。《世说新语·夙惠》：“韩康伯数岁，家酷贫。至大寒，止得襦，母殷夫人自成之，令康伯捉熨斗，谓康伯曰：‘且著襦，寻（一会儿）作饪裈。’儿曰：‘已足，不须饪裈也。’母问其故，答曰：‘火在熨斗中而炳热，今既著襦，下亦当暖，故不须耳。’”陆游诗：“翁饥不能具小飧，儿冻何由成饪襦。”用的便是这个典故。

（2）蔽膝

古代下体之衣还有蔽膝。顾名思义，这是遮盖大腿至膝部的服饰。《方言》：“蔽膝，江淮之间谓之袆，自关东西谓之蔽膝。”《说文》：“袆，蔽膝也。”《释名》：“韠，蔽也，所以蔽膝前也，妇人蔽膝亦如之。齐人谓之巨巾，田家妇女出自田野以覆其头，故因以为名也。又曰跪襜，跪时襜襜然张也。”《礼记·玉藻》孔疏：“他服称韠，祭服称韨（同绂）。”这样看来，蔽膝、袆、韠、韨是同物而异名（有人认为韠是蔽膝的合音字）。根据古代注释家的描述，我们可以想见古代蔽膝的形制与现在的围裙相似。所不同的是，蔽膝稍窄；而且一定要长到能“蔽膝”；并不像围裙那样直接系到腰上，而是拴到大带上；其功用主要不是保护衣服，而是一种装饰；可以用皮革制成。古代作品中提到蔽膝的地方很多。例如：《汉书·王莽传》：“〔莽〕母病，公卿列侯遣夫人问疾。莽妻迎之，衣不曳地，布蔽膝，见之者以为僮，使问，知其夫人，皆惊。”又，“于是莽稽首再拜，受绿韨衮冕衣裳。”温庭筠《过华清宫》：“斗鸡花蔽膝，骑马玉搔头。”《诗经·桧风·素冠》：“庶见素韠兮，我心蕴结兮，聊与子如一兮。”皮日休《九讽》：“荷为裯兮芰为褷，荃为褔兮薜为袆。”（裯：短衣。褔：类似短袖衫。）

《说文》：“市，韠也。上古衣蔽前而已。”市即韨。字又写作芾。《诗经·曹风·候人》：“彼其之子，三百赤芾。”郑笺：“佩赤芾者三百人也。”（古代的礼制，大夫以上才佩赤芾。）又《小雅·采芑》：“朱芾斯皇，有玱葱珩。”（皇：同煌，光彩的样子。玱：玉声。葱珩：苍色的佩玉。）又《小雅·采菽》：“赤芾在股，邪幅在下。”（邪幅：类似后代的绑腿。）孔引《乾凿度》的注：“古者田渔而食，因衣其皮。先知蔽前，后知蔽后，后王易之以布帛，而犹存其蔽前者，重古道，不忘本。”郑玄在笺注这首诗时也说：“芾，大（太）古蔽膝之象。”原始人以兽皮遮羞御寒，生产方式改进了，有了布帛，这是劳动人民的创造，不是什么“后王”的发明；至先秦还有韠、韨、芾，其意也并不在于“重古道”。除去了这些后世经学家附会的意思，《乾凿度》注的话是可信的：蔽膝是古代遮羞物的遗制。郑玄也看出了这一点，虽然他用的是后代的名词“蔽膝”来称呼古物。

5. 制衣的质料

署名孔鲋（秦汉之际人，孔子后代）著的《孔丛子·居卫》说：“夫锦缋纷华所服不过温体，三牲太牢所食不过充腹，知以身取节者则知足矣。”大意是：衣服再好也只是御寒，食品再丰，也不能吃得更多，知道按照身体的需要节制衣食之欲的人，就是懂得满足了。这是儒家劝导君王不要过分奢侈。实际上统治者与被统治者在服装上从来是相差悬殊、等级森严的。这同样符合儒家的原则。《孔丛子·刑论》就说："中国之教，为外内以别男女，异器服以殊等类。"（器指车及所用器物，详后第二、第四编。）

不同等类者的服装除形制与佩饰的不同外，质料的差别也很大。

上古无棉花，衣服除皮毛外只有丝、麻。富贵者穿丝织品。丝织品统称为帛或缯，其中又分为多种，常见于古书的有：绢、缣、素、纨、纱、绡、绸、罗等。

绢是生丝织的，即缫出的丝未经煮练漂洗而织成的帛。缣是用双丝织成的细绢。素也是生丝织成的，与练相对而言，练是煮白了的缣帛。

绢是丝织品中的基本产品，所以历代王朝在向人们征敛时绢与谷同是赋租的内容。《三国志·魏志·武帝纪》注引《魏书》所载曹操的命令说："其收田租亩四升，户出绢二匹、绵二斤而已。"《新唐书·食货志》："国朝著令'税'出谷，'庸'出绢，'调'出缯。"这在历代都是农民的沉重负担，所以白居易在《秦中吟·重赋》中写道："浚（同峻，等于说残酷盘剥）我以求宠，敛索无冬春。织绢未成匹，缲（缫）丝未盈斤。里胥迫我纳，不许暂逡巡……昨日输残税（指未完成的金额），因窥官库门：缯帛如山积，丝积似云屯。”统治者征敛来的绢主要是供发放官员俸禄或赏赐之用。

缣虽然较细，但与绢是同类。《古诗·上山采蘼芜》：“新人工织缣，故人工织素。织缣日一匹，织素五丈余。将缣来比素，新人不如故。”素是白而细致的缯帛，织缣、素所费的工是差不多的。古代的一匹四丈，“五丈余”比一匹也差不了多少。“新人不如故”只是由于对前妻的感情未断。素既未煮练，也未加任何绘绣，所以《释名》说：“素，朴素也，已织则供用，不复加巧饰也。又物不加饰皆自谓也，此色然也。”富贵者衣服是要有“巧饰”的，所以素不被他们服用，顶多用作内衣（裼衣）或帽子的里子，但“凶服”则要用素。例如《礼记·曲礼》：“大夫、士去国，踰竟（境），为坛位，向国而哭，素衣、素裳、素冠。”孔疏：“去父母之邦，有桑梓之恋，故为坛位，向国而哭，衣、裘、冠皆素，为凶饰也。”后代孝服以本色白布为之，就是古素服的遗留。素字有朴素、无雕饰、白白地（如《诗经·魏风·代檀》：“彼君子兮，不素餐兮”）、原始的、平素等义，便都是从它本是未经巧饰的丝织品这一点引申出来的。

练是白色的，所以也作为丧服之一种。古人服丧十三个月为小祥，小祥之祭叫练，就是因为祭时穿练制的巾衣。练虽细，但也朴实无文，因此若平时穿练做的衣服就是俭朴的了。《汉书·王莽传》：“莽欲以虚名说（悦）太后，自言亲承孝哀丁、傅奢侈之后，百姓未赡（富足）者多，太后宜且衣缯练，颇损膳以视（示）天下……莽帅（率）群臣奏言，陛下（指太后）春秋尊（年岁大），久衣重练，减御膳，诚非所以辅精气、育皇帝、安宗庙也……愿陛下爱精休神，阔略思虑，遵帝王之常服，复大（太）官之法膳，使臣子各得尽欢心，备共（供）养。”因为练色洁白，所以古人常以“练”喻指清澈的河水或瀑布。谢朓《晚登三山还望京邑》：“余霞散成绮，澄江净如练。”李白《金陵城西楼月下吟》：“解道澄江净如练，令人长忆谢玄晖。”（玄晖是谢朓的字。）苏辙《雪浪斋》：“窗中缟练舒眼界，枕上雷霆惊耳门。”《水经注·庐江水》：“悬流飞瀑……上望之连天，若曳飞练于霄中矣。”甚至屋檐下的雨水也可以称练。韩愈《秋雨联句》：“簷垂白练直，渠涨清湘大。”

在古书中还可以常见到“绨”。例如前面所引《史记·范雎蔡泽列传》中须贾“乃取一绨袍以赐之（指范雎）”。绨是厚缯，质地较粗，所以张守节的《史记正义》说绨袍即“今之粗袍”。君王若穿绨衣就是很俭朴的了。《史记·文帝本纪》："上常衣绨衣。所幸慎夫人，令衣不得曳地，帏帐不得文绣，以示敦朴。"

绡、纨、縠、纱都是丝织品中的精细者。

绡是生丝织成的。曹植《洛神赋》："践远游之文履，曳雾绡之轻裾。"纨与绡接近。《战国策·齐策》："下官糅罗纨，曳绮縠。"縠比绡、纨还要细薄，与纱同类，现在的绉纱即古代的縠。因为它轻而薄，所以古人用雾形容它。宋玉《神女赋》："动雾縠以徐步兮，拂墀声之姗姗。"《后汉书·宦者传》："南金、和宝、冰纨雾縠之积，盈仞珍藏。"纱比縠还要轻。《汉书·江充传》："充衣纱縠禅衣。"注："轻者为纱，绉者为縠。"《老学庵笔记》卷六："亳州出轻纱，举之若无，裁以为衣，真若烟雾。一州惟两家能织，相与世世为婚姻，惧他人家得其法也。云自唐以来名家，今三百余年矣。"但近年来考古工作者已经在地下发掘中发现，我国在汉代已经有了这种纱。陆游以为唐时始有，是因为文献上面没有这方面的记载。由此也可见这种薄纱在当时的珍贵和不多见。

达官贵人的衣服不但质料精美，而且还要加上文采。在复杂的织造技巧与刺绣工艺还没出现以前，制衣的丝帛要染，或在上面绘上图案。《周礼·考工记》："画缋之事，杂五色。"郑注："缋以为衣。"孙诒让《正义》："郑因此是画，故谓在衣。然此经画缋章采当通冠服旗章等而言，郑约举……为说耳。”《尚书·益稷》：“予欲观古人之象，日、月、星、辰、山、龙、华（花）、虫作会（绘）。”这说明古人不只在衣服上，而且也在旗帜上画上各种图腾以为徽识。

衣服上的绘绣图案不但标明地位，更主要的是标明富有。《说苑》：“晋平公使叔向聘于吴，吴人拭舟以逆之。左五百人，右五百人，有绣衣而豹裘者，有锦衣而狐裘者。”《史记·项羽本纪》：“项王……曰：‘富贵不归故乡，如衣绣夜行，谁知之者。’”汉武帝也说过这样的话。《汉书·朱买臣传》：“上拜买臣会稽太守，上谓买臣曰：‘富贵不归故乡，如衣绣夜行。子今何如？’”扬雄《逐贫赋》：“人皆文绣，余褐不完。”这都是把绣衣当做富贵的象征。刺绣不止用于衣服。在古代文献中关于锦绣用于帏帐房屋的记载很多，这反映了封建统治者的穷奢极欲。前面所引的《史记·文帝本纪》，即以“帏帐不得文绣”说明文帝生活俭约。这从反面反映出通常帝王之家帏帐都是要绣的。又如贾谊《治安策》：“白縠之表，薄纨之里，緁（等于说缀）以偏诸（花边、绦子），美者黼（白黑相间的花纹）绣，是古天子之服，今富人大贾嘉会召客者以被墙……且帝之身自衣皂（黑色）绨，而富民墙屋被文绣。”《淮南子·主术训》：“百姓短褐不完，而宫室衣锦绣。”可见远在汉代就以锦绣装饰房屋，在这之后历代都有增无已。

绘与绣都是在绢帛织好后再加工的。那种直接织出花纹图案的织品叫锦、绮。锦衣为今人所熟悉，绮衣则不大为人所知。《汉书·地理志》：“齐地……其俗弥侈，织作冰纨绮绣纯丽之物，号为冠带衣履天下。”与上面所引《淮南子》文的意思相同，古人常以有绮文的织品跟老百姓的衣服加以对比。例如《史记·平原君列传》：“李同曰：‘邯郸之民，炊骨易子而食，可谓急矣，而君之后宫以百数，婢妾被绮绣，余粱肉，而民褐不完，糟糠不厌（饱）。”

老百姓的衣服与富贵人的衣服形成鲜明的对比。《孟子》上说，如果国君施行“王道”、“仁政”，让百姓“五亩之宅树之以桑，五十者可以衣帛矣”。足见当时的平民是穿不上丝织品的。《列子·杨朱》说：“〔田夫〕不知天下之有广厦隩室，锦纩狐貉。”当时确是如此。百姓只能穿麻、毛编织品，最常见的是上文例子中提到的“褐”。

褐是用麻或毛捻成线编织的粗衣，不但重，无光华，而且不暖。《孟子》赵岐注说褐“若马衣”，这也从另一方面说明劳动者的生活与马羊相等。但是即使是这样粗劣的衣服，也不一定能得到，“褐不完”、“不得短褐”的情况也是常见的。《诗经·豳风·七月》：“无衣无褐，何以卒岁。”足见自古已然。《韩诗外传》卷九：“士褐衣缊著未尝完也。”曹植《杂诗》之二：“捐躯远从戎，毛褐不掩形。”“士”与战士尚且如此，劳动人民的情况就更可想见了。《史记·商君列传》：“夫五羖（黑羊）大夫……被褐食（喂）牛。”五羖大夫叫百里奚，原为春秋时虞国大夫，虞被秦灭，沦为楚人的奴仆，后由秦用五张黑羊皮赎回。“被褐”正是当时“下等人”穿衣的情况。

但古代作品中提到“褐”并不全是写实，常常是借此另有含义。例如陶渊明《饮酒》十六：“敝庐交悲风，荒草没前庭。披褐守长夜，晨鸡不肯鸣。”这是以穿褐表示自己贫穷而又不做官，当时他穿的未必就是褐。《史记·廉颇蔺相如列传》：“乃使其从者衣褐，怀其璧，从间道亡（逃回赵国）。”这是让人化装成贫苦人以遮人耳目。左思《咏史》之五：“被褐出阊阖，高步追许由。”这是他表达蔑视当时的官场和门阀制度，表示自己要做个隐士，其实他是不会“被褐”的。《晏子春秋·内谏上》载，齐景公登高看到齐国的鼎盛后说，人要不死多好啊。晏婴回答说：“若使古而无死，丁公（战国陈氏齐的祖先）、太公（即姜太公，名尚，春秋姜氏齐的祖先）将有齐国，桓、襄、文、武（都是齐景公的先人）将皆相之，君将戴笠（斗笠）衣褐，执铫（大锄）耨（小手锄）以蹲行畎亩之中，孰暇患死。”这是以“衣褐”作为农夫的标志之一。杜甫《自京赴奉先县咏怀五百字》：“赠浴皆长缨，与宴非短褐。”则又以“短褐”指代平民。古书上还以“释褐”表示做官，如《陈书·沈炯传》：“炯少有俊才，为当时所重。释褐王国常侍。”沈炯的祖、父都做官，他从来不会衣褐，但褐既然是平民之服，一做官就告别了平民生活，所以要说“释褐”，这个“褐”已经没有了原来实指的意思。

（三）足衣

1. 鞋

古代的鞋有屦、履、屩、屐、鞮等名称，其间有异有同。下面分别介绍。

屦，《说文》：“履也。一曰鞮也。”段玉裁引晋蔡谟曰：“今时所谓履者，自汉以前皆名屦。《左传》‘踊贵屦贱’，不言‘履贱’；《礼记》‘户外有二屦’，不言‘二履’；贾谊曰‘冠虽敝，不以苴屦’，亦不言‘苴履’。《诗曰》：‘纠纠葛屦，可以履霜’。屦、舄者一物之别名，履者足践之通称。”他还对古代的用字作了统计：“《易》、《诗》、三《礼》、《春秋传》、《孟子》皆言屦，不言履；周末诸子、汉人书乃言履。《诗》、《易》凡三‘履’，皆谓践也。然则履本训践，后以为屦名，古今语异耳。许〔慎〕以今释古，故云古之屦即今之履也。”朱骏声《说文通训定声》也说：“古曰屦，汉以后曰履，今曰鞵（鞋）。”

至于《说文》所说“鞮也”一义，则是皮革所制之屦（见《说文·革部》）。古代的屦分别用草、麻、皮制成，在称呼上比较混乱。例如《左传·僖公四年》：“申侯（郑大夫）见〔齐侯〕曰：‘师老矣（指长久在外已疲劳）。若出于东方而遇敌，惧不可用也；若出于陈、郑之间，共其资粮屝屦，其可也’。”杜注：“屝，草屦。”孔疏引《方言》：“丝作之曰履，麻作之曰屝，粗者谓之屦。”今本《方言》作“麻作之者曰不借”。《方言》又说：“徐兖之郊谓之屝，自关而西谓之屦。”《玉篇》：“麻作谓之屦也。”这样，屝到底是草制、麻制还是粗屦？莫衷一是。大约屦、屝、不借等由于有方言分歧这个因素在，具体所指并不很固定，要根据上下文提供的线索才能作出准确的判断。

古代说“草屦”，自然是草鞋。白居易《香山寺石楼潭夜浴》：“绡巾薄露顶，草屦轻束足。”《宋史·吕祖俭传》：“在谪所，读书穷理，卖药以自给，每出，必草屦徒步，为逾岭之备。”“菲屦”也是草鞋。《汉书·刑法志》：“所谓‘象刑惟明’者，言象天道而作刑，安有菲屦赭衣（赭色之衣，囚犯所服）者哉！”颜注：“菲，草履也。”“菅屦”也是草鞋。《左传·襄公十七年》：“齐晏桓子（晏婴之父）卒，晏婴粗衰斩，苴绖带，菅屦（按：这都是丧服）。”杜注：“菅屦，草屦。”“葛屦”，是用葛藤加工成的纤维编的鞋，介乎草、麻之间，比一般的草鞋要高级些。《诗经·小雅·大东》：“纠纠葛屦，可以履霜。”葛屦为天暖时所服。（《仪礼·士冠礼》：“屦，夏用葛……冬皮屦可也。”）《大东》是“东国困于役而伤于财，谭（国名）大夫作是诗以告病焉”（《诗》小序），结霜的天气还穿着夏天的葛屦走路，正是困窭的表现。

古书上常以草鞋为罪人之服或丧服，其实贫苦人常年所穿的都是草鞋，甚至有人以编织草鞋为生。例如《孟子·滕文公上》：“其（指许行）徒数十人皆衣褐，捆（等于说砸，织草鞋的一道工序）屦织席以为食。”许行虽是学者，但过的却是贫民的生活。《左传·昭公三年》：“国之诸市，屦贱踊（受过刖刑者的鞋）贵。”这是说齐国的刑重，受刖刑的人多，但也可见当时织屦贩屦已经成为一种职业。至于《礼记·少仪》所说“君子不履丝屦，马不常秣（喂粮食）”，则是官样文章，没有谁认真照办过。《史记·春申君列传》：“春申君客三千余人，其上（上等）客皆蹑珠履以见赵使，赵使大惭。”以珠饰履，这决不会是草鞋。《礼记·檀弓上》：“有子（孔子弟子）盖既祥（丧祭名）而丝屦、组（丝绳）缨。”那么，连孔门也有穿丝鞋的了。历代穿丝鞋的当然都是有钱的人，君王甚至有专门机构供应丝鞋。《老学庵笔记》卷二曾记载南宋的情况：“禁中旧有丝鞋局，专挑供御丝鞋，不知其数。尝见蜀将吴珙被赐数百緉（双），皆经奉御者。寿皇即位，惟临朝服丝鞋，退即以罗鞋易之，遂废此局。”与丝鞋相比，革履便是较粗笨低劣的了。所以《汉书·贡禹传》载，贡禹称赞汉文帝俭朴时说：“汉文皇帝衣绨履革，器亡（无）琱文、金银之饰。”

屦，在战国之后确实通称为履了。例如：《韩非子·外储说左下》：“晋文公与楚战，至黄凤之陵，履系（带儿）解，因自结之。”《晏子春秋·内篇谏下》：“〔齐〕景公为履，黄金之綦（详下），饰以组，连以珠……”韩非已是战国末期的人，《晏子春秋》成书当在汉初，所以都称履。至于上文所引《史记·春申君列传》则更为明显：司马迁是用汉代的语言叙述先秦的事情，自然更要说履。又如《孔雀东南飞》："新妇识马声，蹑履相逢迎"；白居易《杨柳枝》："绣履娇行缓，花筵笑上迟"；杜荀鹤《吴县》："草履随船卖，绫梭隔岸鸣"——都以说"履"为常了。

草鞋又称躧，字又作蹝、屣。《史记·苏秦列传》："夫实得利，尊得所愿，燕赵弃齐如脱躧矣。"脱掉草鞋是很方便的，所以古人常以"脱躧"表示事之轻易。《淮南子·主术训》："尧举天下而传之舜，犹却行而脱躧也。"高诱注："言其易也。"草鞋又是贱物，所以脱躧、弃躧又表示视之如粪土。《汉书·郊祀志》："于是天子（指汉武帝）曰：'嗟乎！诚得如黄帝，吾视去妻子如脱屣耳。'"颜注："屣，小履。脱屣者，言其便易无所顾也。"《孟子·尽心上》："舜视弃天下犹弃敝蹝也。"赵岐注："蹝，草履……敝喻不惜。"躧当动词使用时，有一个很特殊的含义：趿拉着鞋，即如现在穿拖鞋。《汉书·隽不疑传》："〔暴〕胜之开阁延请，望见不疑容貌尊颜，衣冠甚伟，胜之躧履起迎。"颜注："履不著跟曰躧。躧谓纳履未正，曳之而行，言其遽也。"司马相如《长门赋》："舒息悒而增欷（哀叹）兮，躧履起而彷徨。”李善注：“蹝，足指挂履也。”

舄是在底子下面再加一层木底（很像现在在底子上加掌）的鞋。这是先秦的名称，到汉代时这种两层底儿的鞋改称为屦了。郑玄《周礼·屦人》注：“复下（两层底）曰舄，禅（单层）下曰屦。古人言屦以通于复，今世（汉代）言屦以通于禅，俗易（改变）语反与？”崔豹《古今注》：“舄，以木置屦下，干腊（在这里也是干的意思）不畏泥湿也。”这样看来，舄的作用很像现在的胶底鞋或雨鞋。《方言》：“自关而西……中有木者谓之复舄。”这说明周秦的旧名在汉代还流行在关西的俗语中。《诗经·小雅·车攻》：“赤芾金舄，会同有绎。”这是说诸侯们来行会同之礼，佩朱芾、穿朱黄色的舄，按其尊卑列位。《诗经·豳风·狼跋》：“公孙硕肤，赤舄几几。”（公孙指周成王，这是形容他长得高大美好，服饰很盛。）毛传：“赤舄，人君之盛屦也。”后代常以舄为帝王所服，如《汉书·东方朔传》：“〔汉文帝〕贵为天子，富有四海，身衣弋绨（详后），足履革舄。”颜注：“革，生皮也。不用柔韦，言俭率也。”但同时也逐渐用为一般鞋履的别称，如《史记·滑稽列传》：“日暮酒阑，合尊（酒器）促坐，男女同席，履舄交错，杯盘狼藉。”韩愈《岳阳楼别窦司直》："开筵交履舄，烂漫倒家酿。盃（杯）行无留停，高柱送清唱。"

跻（屩）也是草鞋的名称。《史记·平原君列传》："虞卿者，游说之士也，蹑跻担簦（长柄笠，类似今天的雨伞，但戴在头上）说赵孝成王。"《汉书·卜式传》："式既为郎（中郎，汉官名），布衣草跻而牧羊。"颜注："跻即今草屦也。南方谓之跻。"

古代叫屦、履，现在叫鞋。鞋字首见于南朝梁顾野王的《玉篇》，是鞵的异体字。《颜氏家训·治家》："邺下有一领军，贪积已甚……后坐事伏法，籍其家产，麻鞋一屋，弊衣数库，其余财宝，不可胜言。"白居易《花线毯》："美人蹋上歌舞来，罗袜绣鞵随步没。"《上阳人》："小头鞵履窄衣裳，青黛点眉眉细长。"

现在日本人民生活中仍保存的木屐，原是我国古代的木履。颜师古《急就篇注》："屐者，以木为之，而施两齿，可以践泥。"南北朝时士族大夫好屐，不但以为常服，而且亲自动手制作，以至成癖。《晋书·阮孚传》："初，祖约性好财，孚性好屐。同是累（人生的拖累）而未判其得失。有诣约，见正料财物，客至，屏当（遮挡）不尽，以身蔽之。有诣阮，正见自腊屐（往屐上涂腊），因叹曰：'未知一生当着几量（双）屐。’于是胜负始分。”（《世说新语·雅量》略同。）

《南史·谢灵运传》：“〔灵运〕寻山陟岭必造幽峻……常着木屐，上山则去其前齿，下山则去其后齿。”后来人们便把这种屐叫谢公屐。李白《梦游天姥吟留别》：“脚著谢公屐，身登青云梯。”

古代屦履上除今所谓鞋帮、鞋底外，其部件还有綦、絇、繶、纯。《晏子春秋·内篇谏下》：“景公为履，黄金之綦，饰以银，连以珠，良玉之絇。”綦是鞋带儿。絇是鞋头上的装饰，有孔，可以穿系鞋带。《仪礼·士丧礼》：“乃屦，綦结于跗（脚背），连絇。”繶是鞋牙（即今鞋帮）与鞋底相接处的缝里装饰的绦子。沿着鞋口的装饰与衣边的镶饰是同类的东西，因此也叫纯。《仪礼·士冠礼》：“屦，夏用葛，玄端（一种黑色的礼服），黑屦，青絇、繶、纯。”《汉书·外戚传》：“俯视兮丹墀，思君兮履綦。”颜注：“綦，履下饰也。言视殿上之地，则想君履綦之迹也。”

古代也有靴子，字原作鞾。《说文新附》：“鞾，鞮属。”据《释名》（《太平御览》引）说鞾本是胡（北方少数民族）名，赵武灵王始服之。《说文》：“鞮，革履也。胡人履连胫，谓之络鞮。”（依段玉裁本）

2. 袜

古代的袜子，是用布帛、熟皮做的。字作韈、韤。《说文》："韤，足衣也。"《左传·哀公二十五年》："卫侯……与诸大夫饮酒焉，褚师声子韈而登席。公怒，〔褚师〕辞曰：'臣有疾异于人，若见之，君将嗀（呕吐）之，是以不敢。'"按照古代礼节，臣见君，需解袜然后登席，褚师穿着袜子登席，卫侯以为对自己不敬，所以"怒"。穿袜子时要用带子系上。《史记·张释之列传》："王生者，善为黄老言，处士也。尝召居廷中，三公九卿尽会立，王生老人，曰：'吾韈解'，顾谓张廷尉：'为我结韈！'释之跪而结之。"富贵人家可以穿丝绸袜。张衡《南都赋》："修袖缭绕而满庭，罗袜蹑蹀而容与。"（蹑蹀，小步的样子。容与：缓慢的样子。）贫者则无法着袜。杜甫《北征》："平生所娇儿，颜色白胜雪。见爷（父亲）背面啼，垢腻脚不袜。"

附：寝衣

《说文》："被，寝衣，长一身有半。"又："衾，大被。"段玉裁说："寝衣是小被，则衾是大被。"《论语·乡党》："必有寝衣，长一身有半。"孔安国注："今之被也。”这是《说文》之所本。郑玄注：“今小卧被是也。”这是段玉裁之所本。对于什么是“寝衣”，前人有不同的意见，有人认为相当于今天的睡衣，但多数人认为就是被子。

在古代并不是人人都能有被子。富者可以盖锦绣的被子。《晋书·羊耽妻辛氏传》载，辛氏字宪英，有才鉴。耽从子（侄儿）“祜尝送锦被，宪英嫌其华，反而覆之（翻过来盖）”。《后汉书·李忠传》：“世祖（汉光武帝刘秀）会诸将问所得财务，惟忠无所掠。世祖曰：‘我欲特赐李忠，诸卿得无望乎？’即以所乘大骊马（黑青色的马）及绣被衣物赐之。”李煜《浪淘沙》：“罗衾不耐五更寒。”而贫困人则无被。《汉书·王章传》：“初，章为诸生学长安，独与妻居。章疾病，无被，卧牛衣中（为御寒而给牛披的麻布）。”一般人则盖布被，所以常以“布被”表示清寒的生活。杜甫《茅屋为秋风所破歌》：“布衾多年冷似铁，娇儿恶卧踏里裂。”辛弃疾《清平乐》：“布被秋宵梦觉，眼前万里江山。”

（四）佩饰

古人十分重视身上的佩饰，不仅用以美化自身外形，而且借以标志身份等级。佩饰都系在革带上然后连于大带。常见的佩饰有玉、珠、刀、帨等。《释名》："佩……有珠、有玉、有容刀、有帨巾之属也。"

1. 玉

玉是最重要的佩饰。《礼记·玉藻》："古之君子必佩玉"，又说"君子无故玉不去身"，"故君子在车则闻鸾和（车上的铃）之声，行则鸣佩玉"。一走动佩玉即发出叮咚的响声，是因为所佩不只一玉。《大戴礼·保傅》："下车以佩玉为度，上有葱衡（即青色的珩玉），下有双璜冲牙，玭珠（又称蠙珠，即蚌珠）以纳其间，琚瑀以杂之。"（《周礼·玉府》，郑注略同。）因为所佩非一，所以又称杂佩。《诗经·郑风·女曰鸡鸣》："知子之来之，杂佩以赠之；知子之顺之（与己和顺），杂佩以问（赠）之；知子之好之（与己同好），杂佩以报之。"毛传："杂佩者，珩、璜、琚、瑀、冲牙之类。"朱熹的《诗集传》说得比较清楚："杂佩者，左右佩玉也。上横曰珩，下系三组（丝绳）贯以蠙珠，中组（中间一根组）之半（半截处）贯以大珠曰瑀（其实不是珠而是石之次玉者，朱误），末悬一玉，两端皆锐，曰冲牙，两旁组半各悬一玉，长博而方曰琚，其末各悬一玉如半璧（半圆形）而内向曰璜，又以两组贯珠，上系珩两端，下交贯于瑀而下系于两璜，行则冲牙触璜而有声也。"

玉本是一种贵重的装饰品，为贵族豪富所专有，但在奴隶社会和封建社会里，统治者却把佩带玉石附会上一种神秘的道德色彩。《礼记·聘义》有这样一段记载：

> 子贡问于孔子曰："敢问君子贵玉而贱碈（又写作玟。美石）者，何也？为玉之寡而碈之多与？"孔子曰："非为碈之多故贱之也、玉之寡故贵之也。夫昔者君子比德于玉焉：温润而泽，仁也；缜密似栗（栗有坚实的样子），知也；廉而不刿（刺伤），义也；垂之如队（坠），礼也；叩之，其声清越以长，其终绌然，乐也；瑕（玉上的疵点）不掩瑜（玉之美处），瑜不掩瑕，忠也；孚尹（孚尹指美色）旁达，信也；气如白虹，天也；精神见于三川，地也；圭璋特达（等于说无所不达，指用于朝聘之礼），德也；天下莫不贵者，道也。

诗云：‘言念君子，温其如玉’，故君子贵之也。”

在古代的文学作品中，玉的这种人为色彩并没有被着重表现，每凡说到佩玉，都在借以烘托人物的高贵或环境的华美。

古人的佩玉中除上面所引《内则》列出的以外，还有环、玦。环是环形玉，《说文》：“环，璧也。肉好若一谓之环。”即当中空心（好）的直径与四周玉（肉）的宽度相等。《礼记·经解》：“行步则有环佩之声。”《汉书·隽不疑传》：“不疑冠进贤冠，带櫑具剑，佩环玦，褒衣博带，盛服至门，上谒。”但后代诗文中的环佩则多指妇女的佩饰。如阮籍《咏怀》：“交甫怀环佩，婉娈有芬芳。”杜甫《咏怀古迹》：“画图省识春风面，环佩空归夜月魂。”

玦的样子跟环一样，中空，肉好若一，只是它在“肉”上缺了一截。因为玦的名称来源于“决”，而且形制又是“缺”，断开的两边不相接，所以古人常以玦寓以“决”义。《孔丛子·杂训》：“子产死，丈夫舍玦佩，妇女舍珠瑱，巷哭三月，竽瑟不作。”这是以玦示诀别。《史记·项羽本纪》：“范增数目项王，举所佩玉玦以示之者三。”这是以玦暗示项羽，让他“决”断，杀掉刘邦。《白虎通》：“君子能决断则佩玦。”《荀子·大略》：“绝人以玦，反绝以环。”杨倞注：“古者臣有罪，待放于境，三年不敢去。与之环则还，与之玦则绝，皆所以见意也。反绝，谓反（返）其将绝者。”一直到宋代，还有人利用赋予佩玉的这种含意传达信息。

2. 其他

与佩环、玦而赋以某种寓意相近的，是有人佩弦、佩韦。《韩非子·观行》：“西门豹之性急，常佩韦以自缓；董安于之心缓，常佩弦以自急。”《论衡·率性》略同，并云：“能纳韦、弦之教，补接不足，则豹、安于之名可得而参也。”这是因为皮革经过鞣制加工后性质柔软，而弦在弓上总是绷得很紧，所以佩带在身可以起到“座右铭”的作用。后人提到弦韦也都指佩弦佩韦以自警。例如《后汉书·第五伦传》：“昔人以弦韦为佩，盖犹此矣。”《旧唐书·李德裕传》：“德裕献《凡扆箴》六首，帝手答之曰：‘置之坐隅，用比韦弦之益；铭诸心腑，何啻药石之功。’”

容刀也是一种佩饰。《诗经·大雅·公刘》：“何以舟之？维玉及瑶，鞞琫容刀。”但《释名》不以为是加了装饰的刀：“佩刀，在佩旁之刀也。或曰容刀，有刀形而无刃，备仪容而已。”大概刘熙是据汉代礼仪解释的。在上古，人们佩带刀剑，既是装饰，也用以自卫。《史记·秦本纪》："简公六年，令吏初带剑。"《正义》："春秋官吏各得带剑。"《说苑·反质》："经侯往适魏太子，左带羽玉具剑，右带环佩，左光照右，右光照左。"可见平时也佩带剑，而且当做"服"饰。《史记·萧相国世家》："于是乃令萧何〔第一〕，赐带剑、履上殿，入朝不趋。"萧何因为功列第一，特准带剑上殿，可见汉代是禁止臣子携带武器见君的。汉代盖承秦制。《史记·刺客列传》："秦法，群臣侍殿上者不得持尺寸之兵；诸郎中（警卫人员）执兵皆陈殿下，非有诏召不得上。"因此荆轲要刺秦王只能把匕首藏在地图中，而秦王侍臣夏无且只能以药囊打荆轲，其他人员看着荆轲追秦王都毫无办法。朝廷既有此禁令，要佩刀剑以为饰便只好做刘熙所说的容刀。

帨巾是佩巾。字又作帅。《说文》："帅，佩巾也。帨，或从兑。"《诗经·召南·野有死麕》："舒而脱脱（舒缓的样子）兮，无感（撼）我帨兮，无使尨（狗）也吠。"又称纷帨（同帉帨）。《礼记·内则》："子事父母。鸡初鸣，咸盥、漱、栉、縰、笄、总……左右佩用（佩带上备用的东西）：左佩纷帨、刀、砺、小觿、金燧，右佩玦、捍、管、遰、大觿、木燧。"可见帨既是装饰，又是平时使用的物件。

帨的用途是拭手、去污垢。《礼记·内则》："进盥，少者奉槃，长者奉水，请沃盥。盥卒，授巾。"郑注："巾以帨手。"又："子生，男子（男孩子）设弧（弓）于门左，女子设帨于门右。"这是因为帨是干家务所必需，而在封建社会是"男不言内，女不言外"的。《玉篇》说佩巾"本以拭物，后人著之于头"，即佩巾与头巾是上古一物的分化。其实佩巾与蔽膝也属同源，所以《广雅》、《方言》都说"大巾"是蔽膝。巾而加大字，既说明蔽膝也是巾，也说明已不同于佩巾（参见上文）。

巾既经分化，所以古代诗文中涉及巾时，有关男子的多指头巾，有关女子的多指佩巾、手巾。例如杜甫《丽人行》："杨花雪落复白蘋，青鸟飞去衔红巾。"晋无名氏《子夜四时歌》："香巾拂玉席，共郎登楼寝。"若明言手巾，则为男女所同有。《世说新语·文学》："谢〔尚〕注神倾意，不觉流汗交面，殷〔诰〕徐语左右：'取手巾与谢郎拭面。'"因为"帨"是上古的名称，所以在后代诗文中并不多见。韩愈《李花》："长姬香御四罗列，缟裙练帨无等差。"

《内则》所说的"觿"也是古人常带的佩物。《说文》："觿，佩角，锐耑（端），可以解结。"《诗经·卫风·芄兰》："芄兰之支，童子佩觿。"毛传："觿，所以解结，成人之佩也。”《内则》郑注：“小觿，解小结也。觿貌如锥，以象骨为之。”觿的遗迹直到现在还有。例如北方的赶车人（车把势）常随身携带一曲锥形的骨角（一般为牛角所制），以备途中套绳或捆货粗绳断了以后续接。但兼作佩饰则是上古的事，大约是游牧生活的遗迹。所以在后来的诗文中出现的“觿”等并不是写实，而是借以泛指饰物。如韩愈《寄崔立之》：“愿君恒御之，行止杂燧觿。”“操觿”则表示解结。《说苑》：“百人操觿，不可为固结；千人谤狱（诉讼），不可为直辞。”“觿年”来源于《芄兰》诗，指童孩时期。

《内则》中提到的砺是磨刀石，金燧、木燧是取火的工具，捍是射者的皮质护袖，管略似笔套，遰是刀鞘。因为这些东西大多后来都不再是佩饰，因此这里无需一一叙述。

古人还喜欢在身上佩带香袋，里面放香草香料，类似后代荷包的样子。香袋古称容臭（气味）。《内则》：“男女未冠笄者……皆佩容臭。”后来则称香囊，而且不限于佩带。《晋书·刘寔传》：“寔尝诣石崇家，如厕，见有绛文帐，裀褥甚丽，两婢持香囊。寔便退，笑谓崇曰：‘误入卿内（内室）。’崇曰：‘是厕耳。’”又《谢幼度传》：“〔幼度〕少好佩紫罗香囊，叔父〔谢〕安患之而不欲伤其意，因戏赌取，即焚之。”杜甫《又示宗武》：“试吟青玉案，莫带紫罗囊。”用的正是谢幼度的典故。古代也有称香袋的。《洛阳伽蓝记》卷五：“惠生初发京师之日，皇太后敕付五色百尺幡千口、锦香袋五百枚。”

佩饰是随着时间的推移而变化的，是各个时代风尚的组成部分。各个时代花样不断翻新，这里不能一一列举。总的说来，它的作用也和服装一样，主要是为了美观和标志地位。其中，有些还依稀保留着人类原始社会生活状况和习俗的痕迹，这是要从社会学的角度去观察、研究的。

第二编　饮食和器皿

我国饮食之考究、烹调技术之高超，是早已闻名世界的。千百年来饮食技术的不断演进提高，是我文明古国灿烂文化的一个组成部分。在我国古代的优秀诗文作品中，时常可以见到有关饮食的记述和描写。对古人饮食习惯有个大致了解，无疑会有助于我们对古代作品的阅读和欣赏。下面，我们就主食、肉食、烹调、酒以及食器等方面分别作些简单的介绍。

（一）主食

我国自进入农业社会后，就以粮食作物为主食，所以自周秦以来，诗文中关于粮食的记述很多。粮食作物古代统称五谷或六谷。至于五谷六谷所包括的品种，则历来说法不一，比较可信的说法是黍、稷、麦、菽、麻为五谷，六谷即再加上稻。现在依次叙述。

黍即现代北方的黍子，又叫黄米，状似小米，色黄而黏。稷是今天的小米，现在北方称其作物为谷子。我国西北地区适合谷子的种植，在“靠天吃饭”的古代，谷子也较能适应风雨不时的干旱气候，因而在相当长的历史时期里，稷是最重要的粮食。古代以“社稷”代表国家，例如《左传·僖公三十三年》：“服于有礼，社稷之固也。”社为社神（参看第三编），稷为谷神。《白虎通·社稷》：“王者所以有社稷何？为天下求福报功。人非土不立，非谷不食。土地广博，不可遍敬也；五谷众多，不可一一祭也。故封土（等于说堆土）立社示有土尊；稷，五谷之长，故立稷而祭之也。”稷的这一突出地位是由它对人们生活的重要性所决定的。

古代黍与稷还经常连在一起说。例如《诗经》屡言“黍稷重穋”（《豳风·七月》、《鲁颂·閟宫》），“黍稷方华”（《小雅·出车》），“黍稷彧彧”（《小雅·信南山》），“黍稷薿薿”（《小雅·甫田》），等等。其他文献中这类现象也不少。由此可见，黍在古人生活中的地位仅次于稷。《论语·微子》记载，孔子的弟子子路遇见隐者，隐者“止子路宿，杀鸡为黍而食之”，按照当时的伙食标准看，这顿招待饭已经是很不错的了。

麦子的地位似乎没有黍和稷那么突出。麦子有大麦小麦之分，古代称大麦为麰。《孟子·告子上》：“今夫麰麦，播种而耰之，其地同，树（种）之时又同，浡然而生，至于日至（指夏至）之时，皆孰矣。”“麰麦”即大麦。《诗经·周颂·思文》：“贻我来麰，帝命率育。”这两句诗是说，天帝赐给周小麦（“来”）、大麦，命令武王遵循后稷（周的始祖）以稼穑养育万民的功业。来、麰进入神话传说并与周之延续与扩大联系起来，可见这类作物与人们生活关系之密切。

菽就是豆子，原指大豆，又作豆类的总名。《说文》：“尗，豆也。”尗即菽，段玉裁说，“尗、豆古今语”，“此以汉时语（豆）释古语（菽）也”。《诗经·豳风·七月》：“禾麻菽麦。”又《小雅·小宛》：“中原有菽，庶民采之。”

麻之所以列入谷类，是因为麻籽可以充饥。麻籽叫黂、苴，又叫枲。《列子·杨朱》：“昔人有美戎（大）菽、甘枲茎芹萍子者，对乡豪称（称赞）之。乡豪取而尝之，蜇（等于说疼）于口，惨（也是疼的意思）于腹，众哂（笑）而怨之，其人大惭（同惭）之。”可见麻籽在贫苦人看来味道还可以，而富贵人是难以下咽的。《诗经·豳风·七月》：“九月叔（拾取）苴。”夏历九月正是麻籽成熟的时候，拾起来“食我农夫”，可见麻籽甚至是农民们的主要食品之一。（苴、枲又用以指麻。这种植物及其果实同名的情况在古今语言中都是很常见的。）

古书中还时常见到一些有关粮食作物的名称，如粟、粱、稻、禾、谷等。

粟是黍的籽粒。《诗经·小雅·黄鸟》：“交交（鸟鸣声）黄鸟，无（勿）集于谷，无啄我粟。”后来，则用粟作为粮食的通称。《史记·项羽本纪》：“章邯围钜鹿，筑甬道而输之粟。”《韩非子·显学》：“磐石千里，不可谓富；象人（俑人）百万，不可谓强……磐不生粟，象人不可使距（拒）敌也。”又：“征赋钱粟以实仓库，且以救饥馑备军旅也。”

粱是稷的良种。《小雅·黄鸟》：“交交黄鸟，无集于桑，无啄我粱。”《后汉书·五行志》：“桓帝之初，京都童谣曰：‘……以钱为室金为堂，石上慊慊舂黄粱。’”黄粱则是粱中的上品。

稻在中原地区的种植比上述几种作物要晚，大约起于周代。稻类有黏与不黏的分别，“稻”最初专指黏者，不黏的叫秔（同稉、粳），又叫稴、秫等等。黏稻适于做酒，《晋书·陶潜传》："潜为彭泽令，公田悉令种秫，曰：'令吾常醉于酒，足矣。'妻子固请种稻，乃使一顷五十亩种秫，五十亩种稻。""稻"作为稻类的总称是稍后的事。

因为稻与粱都是"细粮"，所以二者常常连言以代表精美的主食。例如，《诗经·唐风·鸨羽》："王事靡盬（指徭役没完没了），不能蓺稻粱，父母何尝（吃）。悠悠苍天，曷（何）其有常。"杜甫《壮游》："国马竭粟豆，官鸡输稻粱。"这是说明唐明皇的斗鸡、舞马所耗费的都是上好的粮食。

禾本来专指稷，后来成为粮食作物的通称。《诗经·豳风·七月》："十月纳禾稼，黍稷重穋，禾麻菽麦。"其中第二个"禾"字即专指稷，而第一个"禾"字则是泛指，"禾稼"二字包括了后两句开列的八种作物（重是早种晚熟的稻，穋是晚种早熟的稻）。人们熟知的李绅《悯农》诗："锄禾日当午，汗滴禾下土"，其中的"禾"字也是泛指。再往后，"禾"又成为稻的专称。黄庭坚《戏咏江南风土》："禾舂玉粒送官仓"，玉粒即大米，则禾即稻。至今南方仍然保留着这种称呼。

现在谈谈用粮食做成的食品。

在上古，主食的花样似乎并不多。下面介绍几种常见的。

糗，是炒熟的米、麦等谷物，类似现在的炒米、炒豆、炒玉米等。炒熟后再舂或碾成粉也叫糗。《尚书·费誓》：“峙乃糗粮，无敢不逮，汝则有大刑。”（储备好你的糗粮，不得让有些人吃不上，否则你就要受到军法处置。峙：预备。乃：你的。逮：及。）《国语·楚语》：“成王闻子文之朝不及夕也，于是乎每朝设脯一束、糗一筐以羞（同馐，赠送食品）子文。”糗便于携带，无火也可就食，所以常作行路之粮；糗既熟，可以省去每餐举火之费，所以食糗也是生活俭朴的一种表现。《费誓》中说“峙糗”即为出征，而《孟子·尽心下》：“舜之饭糗茹（吃）草（指粗劣之食如野菜等），若将终身焉”，则是说舜过一般老百姓的日子而已。

焙（用微火烘烤）与炒差不多，因此糗又称为糒（焙、糒同音）。《史记·李将军列传》：“大将军（卫青）使长史持糒醪（浊酒，详见本编下文）遗广。”《汉书·匈奴传下》：“胡地秋冬甚寒，春夏甚风，多赍（携带）鬴镀（鬴同釜。釜镀都是锅，详见本编下文），重不可胜，食糒饮水，以历四时，师有疾疫之忧。”糗与糒连言，意思是一样的。《后汉书·隗嚣传》：“嚣病且饿，出城餐糗糒，恚愤而死。”糗糒不易消化，遇水膨胀，“病且饿”的人不当心，吃了会加病，所以隗嚣的直接死因是糗糒，而并非“恚愤”。（古代的饿比今天的饿分量重，指饥饿得很厉害，几乎成为病态。）

糗也叫餱（又写作糇）。上面所引的《尚书·费誓》，“糗粮”，一本即作“餱粮”。《诗经·大雅·公刘》：“乃裹餱粮，于橐于囊。”《左传·襄公九年》：“〔晋〕令于诸侯曰：‘修器备，盛餱粮，归老幼，居疾（病号）于虎牢，肆眚（释放罪人。眚：罪人），围郑。’”其实，在古代单说一个“粮”字也就是指糗粮。《周礼·廪人》：“凡邦有会同师役之事，则治其粮与其食。”郑玄注：“粮谓糒也，止居曰食，谓米也。”《庄子·逍遥游》：“适（往）千里者三月聚粮。”要走千里路就须准备大量的糗糒，而炒、焙费工，所以三个月前就要动手。《汉书·严助传》：“丁壮从军，老弱转饷（军粮），居者（在家的）无食，行者（从军的）无粮。”在这里也是粮与食对举，食与“居”、粮与“行”分别联在一起。据此，则我们遇到古代作品中的“粮”字，就不要随便地一概当做今天所说的粮食。例如《左传·文公十二年》：“秦军掩晋上军，赵穿（晋大夫）追之，不及，反（返），怒曰：‘裹粮坐甲，固敌是求。敌至不击，将何俟（等待）焉！’”裹粮，所裹的是糗粮。《论语·卫灵公》：“〔孔子〕在陈绝粮，从者病，莫能兴（起不来床）。”这里的“粮”字，也指餱粮。大约自汉代后期起“粮”字才泛指粮食。《后汉书·和帝纪》：“诏贷被灾（受灾）诸郡民种粮。”而且，“馃粮”渐渐地也泛指一般糊口之物了。白居易《采地黄者》：“采之将何用？持之易馃粮。”柳永《煮盐歌》：“自从潴卤至飞霜，无非假贷充馃粮。”

古代也有饼，但并不是像现在那样烙成的，而是把麦或米（稻、黍）捣成粉状，加水团成的。麦粉做的叫饼，米粉做的叫粢。做粢还有另外一种操作过程：先将米粉干蒸，趁其湿润团成饼形。饼、粢虽然性质相近，但在古代作品中提到饼的地方更多些。例如《汉书·宣帝纪》：“每买饼，所从买家辄大售（卖得多）。”《世说新语·容止》：“何平叔（何晏）美姿仪，面至白，魏明帝疑其傅粉，正夏月，与热汤饼，既噉（同啖，吃），大汗出，以朱衣自拭，色转皎然。”热汤饼，类似现在北方的煮小饼、煮窝窝，只不过这两样都是玉米面做的。大约至迟到六朝时，已有蒸饼的吃法，但未必是发面的。《晋书·何曾传》：“〔何曾〕厨膳滋味过于王者，帝辄命取其食蒸饼，上不拆作十字不食。”崔寔《四民月令》：“寒食（古代节日，在清明前二日）以面为蒸饼样，团枣附之，名曰枣糕。”这种吃法岂不与今日无异？

饵与饼、粢同类，为米粉所做。《后汉书·樊晔传》："初，光武微时，尝以事拘于新野，晔为市吏（管理市场的官吏），馈饵一笥，帝德之不忘。"《病妇行》："道逢亲交，泣坐不能起，从乞求与孤买饵。"后来有所谓钓饵、鱼饵，即因为系用米、麦粉和以水或油团成，性质与粢、饵同；"药饵"，也取其制法与形状跟饵相似。杜甫《寄韦有夏郎中》："亲知天畔少，药饵峡中无。"现在云南还有"饵块"，为米粉所制的饼状物，当即古代饼、粢、饵的遗留。

古代也喝稀饭。《谷梁传·昭公十九年》："〔太子〕止哭泣，歠（饮）飦粥，嗌（咽喉）不容粒，逾年而死。"粥相当于现在的稀粥，飦又写作饘，是稠粥。《左传·僖公二十八年》："执卫侯，归之于京师，寘（置）诸深室，甯子（名俞，卫大夫）职纳橐饘焉（即承担起给卫侯送衣、食的任务）。"

古代还有一种吃法叫馈。《说文》："以羹浇饭也。"即与今天的盖浇饭、维族的抓饭相近。《楚辞·九思·伤时》："时混混兮浇馈。"王逸注："言如浇馈之乱也。"陆游《川食诗》："禾论索饼与馈饭，最爱红糟与炰（熬）粥。"

（二）肉食

肉食（包括水产）是古人副食的主体，这一方面是由于游牧生活的习惯在进入农业社会以后不会很快消失，另一方面蔬菜的栽培还处于较初级的阶段，野生者多，家种者少。富贵之家以一些菜蔬为配料，贫贱者只能以野蔬充饥（详后）。蔬菜在副食中所占的比例增大，这不但反映着菜圃技术的提高，而且也与烹饪工具和技术的改进相适应。《诗经·豳风·七月》："六月食郁及薁，七月亨（烹）葵及菽（指豆叶）"；"七月食瓜，八月断壶（葫芦），九月叔苴。采荼薪樗（臭椿），食我农夫。"其中葵、瓜、壶属于现代意义上的"菜"，郁、薁、荼便是野果野菜。菜多粮少，不及肉味，是劳苦大众饭食的普遍情况。

古人肉食中以牛、羊、猪为最重要，狗肉、野味也是肉食的重要来源。

古人以牛羊豕（猪）为三牲。祭祀或享宴时三牲齐备叫太牢，只有羊豕叫少牢，太牢是最隆重的礼。《礼记·王制》："天子社稷皆太牢，诸侯社稷皆少牢。"《左传·桓公六年》："子同（鲁庄公）生，以大（太）子生之礼举之，接以大（太）牢。”

牛是农业生产的重要工具，饲养也不及羊、猪迅速，所以《王制》上规定：“诸侯无故不杀牛，大夫无故不杀羊，士无故不杀犬、豕，庶人无故不食珍（指稀有珍贵之物）。”郑玄注：“‘故’谓祭享。”大夫以下既然平时不能杀羊、犬等，不得杀牛当然更不在话下了。但是这只是书面文章，实际上从来没有被历代统治者所遵守。《左传·僖公三十三年》载，秦师袭郑，郑国商人弦高路遇秦师，于是以“牛十二犒师”。几万人的军队只送去十二头牛，未免太少了，但由于牛的珍贵，因此这份犒劳也不算轻。而军队吃牛肉，这就透露了《王制》所说并非实际情况的消息。汉代以后许多帝王也有过禁止屠牛的禁令，例如梁代谢朏的儿子谢谖，“官至司徒右长史，坐杀牛于家，免官”。但这是个别现象，在一般情况下这种规定同样不能贯彻。例如《史记·范雎蔡泽列传》：“齐襄王闻雎辩口（能说会道），乃使人赐雎金十斤及牛、酒。”以牛送礼，这当然不是“无故不杀牛”。范雎虽然没敢接受，但是也因此而被怀疑出卖了情报而差点送了命，可见“牛”在当时属贵重的礼，引人注意。又如《史记·冯唐列传》：“〔魏尚〕出私养钱，五日一椎（击杀）牛，享宾客、军吏、舍人，是以匈奴远避，不近云中之塞。”这一方面说明杀牛是任意的，另一方面军吏等人五天吃一顿牛肉就为魏尚效命，边塞得以保全，也足见牛的“力量”之大了。《容斋逸史·方腊》：“众心既归，乃椎牛釃酒，召恶少之尤者百余人会饮。”“牛”、“酒”并称而被视为美食，看来直至宋代依然。

羊是较普通的肉食。杨恽《报孙会宗书》：“田家作（劳动）苦，岁时伏腊，烹羊炰羔，斗酒自劳。”杨恽虽然曾被封侯，广有产业，但此时已被废为庶人，自称“戮力耕桑”，他这里说的大体是一般有产者的生活。《汉书·卢绾传》：“绾亲（指父亲）与高祖太上皇相爱，及生男，高祖、绾同日生，里中持羊酒贺两家。及高祖、绾壮，学书，又相爱也，里中嘉两家相亲爱，生子同日，壮又相爱，复贺羊酒。”以羊酒相贺，既是“里中”的习惯，也符合刘、卢两家当时的身份地位。

羊肉中羔肉美于大羊。《诗经·豳风·七月》：“四之日其蚤（早），献羔祭韭。”“蚤”是对司寒之神的祭祀，用羔是较高贵的。《礼记·曲礼》：“凡贽（初次见面时送的礼）……卿羔，大夫雁。”则羔贵于雁。古人说“卿羔者取其群而不党（偏私）”，“大夫以雁为贽者取其飞成行列也，大夫职在以奉命之适四方，动作当能自正以事君也。”（见《白虎通义·文质》）其实这都是强行附会，以羔、雁为礼，不过是远古游牧时代风俗的遗迹罢了。

猪也较普遍。《孟子·梁惠王上》："鸡豚狗彘之畜无失其时（繁殖的时机），七十者可以食肉矣。"豕又称彘，豚是小猪，又写作豘。孟子列数家畜时，一句话中两次说到猪，足见它在人们生活中的地位。跟羔、羊之间的关系一样，豚比较好吃，所以羔豚并称以代表美味。《后汉书·仲长统传》："良朋萃止，则陈酒肴以娱人；嘉时吉日，则烹羔豚以奉之。"《世说新语·任诞》："阮籍当葬母，蒸一肥豚，饮酒二斗。"肥豚与酒，即所谓美食，都是丧葬之礼所不容，阮籍葬母而大吃，此其所以为放诞。又："刘道真（名宝）少时常渔草泽，善歌啸，闻者莫不留连。有一老妪，识其非常人，甚乐其歌啸，乃杀豚进之。道真食豚尽，了不谢。妪见不饱，又进一豚，食半余半，乃还之。后为吏部郎，妪儿为小令史，道真超用之（破格提拔），不知所由。问母，母告之。于是赍牛、酒诣道真。道真曰：'去，去！无可复用相报。'"刘宝一顿就吃了一只半豚，可见豚之小，其肥嫩可知；豚乃美味，足见老妪之情，所以他做官后设法相报；老妪之子进以牛、酒，是因为刘宝地位变了，礼需与人相称，又可见牛高于豚。《论语·阳货》："阳货欲见孔子，孔子不见，归（馈）孔子豚。”权势显赫的阳货送给著名学者豚，并想借对方回拜的机会见面，这说明按当时的标准看，一只豚已经不是很轻的礼了。

古人喜欢吃狗肉，所以《孟子》中把狗跟鸡、猪并提。而在《孟子·尽心上》中孟子又说：“五母鸡、二母彘，无失其时，老者足以无失肉矣。”则只以鸡、猪并提，这说明狗肉是可有可无的，在人们生活中的地位低于猪。

《左传·昭公二十三年》载，鲁国的大夫叔孙被晋国扣留，“吏人（晋国治狱的官吏）之与叔孙居于箕者（箕：地名，叔孙被拘之处），请其吠狗（看门狗），弗与。及将归，杀而与之食之。”吏人要活的不给，是避贿赂之嫌；临回国时杀了狗请客，是为了表明自己不是舍不得。而吏人跟“犯人”要狗吃，这不但反映了当时人们对狗肉的兴趣之大，而且说明狗是随时可以杀掉吃的。《晏子春秋》载，齐景公的“走狗”（猎狗）死了，景公要用棺敛之，还要祭祀。晏婴提了意见，于是景公“趣（促）庖治狗，以会朝属”，那么，连诸侯也用狗肉请客了。

因为食狗者多，所以屠狗就成了一个专门的职业。在古书里提到“狗屠”的地方要比说屠羊等多得多。例如战国时有名的刺客聂政，即“家贫，客游以为狗屠”（《史记·刺客列传》）。刘邦的大将樊哙也“以屠狗为事”（《樊哙列传》）。刺杀秦王的荆轲“既至燕，爱燕之狗屠及善筑（一种乐器）者高渐离”（《史记·刺客列传》）。《后汉书·朱景王等传》：“降自秦汉，世资战力，至于翼辅王运，皆武人屈（崛）起，亦有鬻（卖）缯屠狗之徒，崇以连城之赏，佐以阿衡之地（指封以要害之地）。”屠狗一业之所以有名，是跟其中曾经隐藏着有作为的人物分不开的。

历代达官贵人都是极为重视口腹之欲的，山珍海味无不厌饱。对于他们宴桌上的佳肴，我们这里无需一一涉及，只举几个有代表性的例子即可窥见一斑了。

例如枚乘《七发》叙述“天下之至美（美味）”时写道：

> 犓牛之腴，菜以笋蒲；肥狗之和，冒以山肤。楚苗之食，安胡之饣乍（饭），抟之不解，一啜而散。于是使伊尹煎熬，易牙调和。熊蹯之臑，勺药之酱，薄耆之炙，鲜鲤之鲙，秋黄之苏，白露之茹，兰英之酒，酌以涤口，山梁之餐，豢豹之胎，小饣乍大歠，如汤沃雪。

抛开这一段中楚地苗山之禾、雕胡（安胡）米饭不说，“和”、羹（“冒”）、“勺药”等留在下文叙述，单看作者所开列的肉类原料，计有小牛肥肉、肥狗肉、熊掌、里脊、鲤鱼、豹胎等，其中熊掌与豹胎又是难得的山珍。又如传说为屈原弟子的宋玉所作的《招魂》，提到楚国贵族的饮食：

室家遂宗，食多方些。稻粢穱麦，挐黄粱些。大苦碱酸，辛甘行些。肥牛之腱，臑若芳些。和酸若若，陈吴羹些。濡鳖炮羔，有柘浆些。鹄酸臇凫，煎鸿鸧些。露鸡臛蠵，厉而不爽些。（室家：指王族。宗：众多。粢：稷。穱：稻田种的麦子。挐：掺杂。大苦：指豆豉。臑：同胹，煮。柘：甘蔗。臇：少汁的羹。鸧：鸟名。蠵：大龟。厉：指味浓。）

《大招》中也有类似的描写，除上述作品所提到的禽、兽，还有鸹、豺、貉、鸹、鹑、鲼（鱼名）、雀等等。

对有些山珍水产，古人有特别的嗜好。例如《左传·宣公四年》载，楚国送给郑灵公鼋（即大鳖）：

公子宋与子家将见〔灵公〕，子公（即公子宋）之食指动，以示子家，曰：‘他日我如此，必尝异味。’及入，宰夫将解鼋，相视而笑。公问之，子家以告。及食大夫鼋，召子公而弗与也。子公怒，染指于鼎，尝之而出。

公怒，欲杀子公。

称鼋为“异味”，将食则喜，不与则怒，最终这件事竟成了子公二人杀掉灵公的导火线，足见当时贵族对珍奇食品的重视。又《左传·宣公二年》：

晋灵公不君……宰夫胹熊蹯不孰（熟），杀之，寘（置）诸畚（草编盛器），使妇人载以过朝。

因吃熊掌而杀人，既暴露了晋灵公的残虐，也说明熊蹯的重要。

（三）烹调

早在周秦，烹调技术已经达到了相当高的水平。我们可以毫不夸张地说，现代烹调的主要方法在从春秋到秦汉阶段已经基本具备了，后来的改进提高，主要是在炊具与火力的演进推动下向着精、细发展。

《周礼·膳夫》：“凡王之馈……珍用八物。”郑玄注云：“‘珍’谓淳熬、淳毋、炮豚、炮牂（母羊）、捣珍、渍熬、肝膋（肠上脂肪，即网油）。”这就是历代古籍中经常提到的“八珍”。《礼记·内则》对“八珍”有更详细的记述。综合起来看，这八珍中包含着多种烹调方法：

煎。淳熬、淳毋，即把醢（肉酱，详后）煎了以后加到稻米饭（淳熬）或黍米饭上，再用动物油脂浇在上面。

炮。古代的炮与今天不同，今天称把鱼肉等用油在急火上炒熟为炮，而古代则指在禽畜外面裹涂上泥巴后放到火上或火中去烧。从《内则》看炮豚与炮牂的制作顺序是十分复杂的：先将豚、牂宰杀，去掉内脏；在腔内填满枣子；用乱草从外面缠裹住，并涂上泥；火把泥巴烧干后，掰开泥巴，并用手拂去皮肉上的薄膜，这样残剩的泥、草也就去掉了；把发过酵的粥状米粉涂在上面，然后放在油里煎，煎时油一定要没过豚、牂；把豚（整个地）、牂（切成条子肉）放在小鼎中，小鼎放在大锅中，大锅内装上水，在锅下连烧三天三夜。这时，就可以加上醋、醢等作料食用了。

醃。“渍熬”的做法是：把新鲜牛肉切成薄片，放在好酒里浸泡一昼夜，然后加上作料食用。

捣。把牛羊或其他野味的里脊肉捣烂，去其筋腱、薄膜，加上作料。这就是“捣珍”。

熏烤。把牛肉用草扎起，洒上桂、姜、盐，烤干，这种做法类似现代南方的风干牛肉、牛干巴。此后有两种吃法：或加醢煎食，或捣成粉末。这后一种吃法，已经接近今天的肉松了。这就是“熬”。肝膋也是烤：一只狗肝，用网油包住，放在火上烤焦。

后代的烹调方法愈演愈精，名称改变了，但其原理是一样的。古书中常见的一些吃法或肉食品名称，如炙、脍、醢、脯等，其中也都包括着上述的一些烹调技术。

炙即烤肉。炙字下边是火字，上边的形体则是肉字的变形。这个字形象地表现了“炙”的方法。《诗经·小雅·瓠叶》：“有兔斯首，燔之炙之。君子有酒，酌言酢之。”（斯：白。言：语助词，无义。）燔也是烤，与炙的不同在于“柔者炙之，干者燔之”（郑笺）。孔颖达《诗经·小雅·楚茨》正义：“燔者火烧之名，炙者，远火之称。以难熟者近火，易熟者远之。”所谓干者、难熟者，即肉脯（fǔ，府。详下），柔者、易熟者即把动物肢解后的一块块鲜肉。这样看来，炙就是现在烤羊肉串的先声。炙这种吃法来源于远古游牧生活中的野餐，《礼记·礼运》说：“昔者先王未有宫室，冬则居营窟（地上垒土成圆形，下面挖坑），夏则居橧巢（构木为巢）；未有火化，食草木之实，鸟兽之肉，饮其血，茹其毛；未有麻、丝，衣其羽皮。后圣有作，然后脩火之利，范金（冶铸器具）合土（制造砖瓦），以为台榭宫室牖户，以炮，以燔，以亨（烹），以炙，以为醴酪，治其麻、丝，以为布帛。”这段话，除了把文明生活的起源归之于“后圣”不可信外，其余的都符合人类社会发展的事实。其中关于饮食的叙述，正揭示了炮、燔、烹、炙作为烹调方法的原始性。

炮、燔等吃法，最初都是食者自己动手切割然后炮、燔的，直到后代，仍然是自制自吃，使其带点“野味”才有意思。尤其是“炙”，至今仍有许多地方是自己烤。《南齐书·刘瓛传》：“〔武陵王〕晔与僚佐饮，自割鹅炙。〔刘〕琎曰：‘应刃落俎（指把鹅肉削落在砧板上），膳夫之事，殿下亲执鸾刀（饰有小铃的刀），下官未敢安席。’因起，请退。”其实，萧晔是颇懂得食炙的奥妙的，但却为礼教所不许。

炙的具体做法也有多种，单据《释名》所列，就有脯炙、釜炙、脂炙、貊炙、脍炙等，这里不一一叙述。

脍。《释名》：“脍，会也。细切刀，令散，分其赤白，异切之（即把肥肉与瘦肉分开切），已，乃会合和之也。”是脍为极细的肉丝。但其细致的做法，今已失传。《孟子·尽心下》：“公孙丑问曰：‘脍炙与羊枣（盖即今所谓黑枣）孰美？’孟子曰：‘脍炙哉！’”接着，孟子还说：“脍炙所同也”，意思是脍炙是人们共同喜好的。从孟子的感叹语气中，我们不难看出，在当时人的心目中脍与炙一样都是美味。现在还有成语“脍炙人口”，意即如脍、炙那样为人所同嗜，因而被人们口头传诵，也是把脍与炙视为同类美味的。

脍的特点是把肉切细。《论语·乡党》：“脍不厌细。”越细越好，这是符合脍的技术要求的。历史上的确有极其高明的刀工好手。例如《酉阳杂俎·物革》曾经提到“进士段硕常识南孝廉者，善斫脍，縠薄丝缕，轻可吹起”。这位南孝廉切的是鱼，鱼脍的来源也很古。《诗经·小雅·六月》：“饮御诸友，炮鳖脍鲤。”脍鲤很可能就是生鲤鱼片。这样看来，现在被誉为日本名菜的生鱼片也是发源于我国的。

上文已提到，醢是肉酱。醢的制作过程很复杂，一般是先把肉制成干肉，然后铡碎，加进粱米制作的酒麹和盐搅拌，再用好酒浸渍，密封在瓶子里，经过一百天才可食用。作工这样细，手续这样多，其味道之美可知。用以制醢的不仅是牛羊豕肉，野味、水产也可以做，如兔醢、麋醢、鱼醢、蜃（蛤蜊）醢等。因为醢的特点是把肉剁碎，因而移以言人，则称剁成肉酱的酷刑为醢。《史记·殷本纪》：“九侯（即鬼侯）入之纣。九侯女不憙（同喜）淫，纣怒，杀之，而醢九侯。”《礼记·檀弓上》载，子路在卫国的内乱中被杀，“孔子哭子路于中庭，有人吊者而夫子拜之。既哭，进使者而问故，使者曰：‘醢之矣。’〔孔子〕遂命复醢（等于说把醢倒掉）。”孔子欲食之醢，与子路被醢无关，但是据说对人施以醢刑是“示欲啗食以怖众”（《檀弓》郑众注），性质、目的都有一致处，容易引起联想，所以孔子不再食醢。

与炙、脍等不同，醢并不是单独食用的，而是当其他肉食如炮豚、炮牂、渍熬等做好后加进去配合使用的，从这个角度说，醢近似于调料。

在上一节里我们提到过“以羹浇饭”的“馈”，那么“羹”是什么呢？《说文》：“羹，五味盉（和）羹也。”即它是以肉加五味煮成的肉汁。《左传·隐公元年》：“〔颍考叔〕有献于公（郑庄公），公赐之食。食舍肉。公问之，对曰：‘小人有母，皆尝（吃）小人之食矣，未尝君之羹。请以遗之。’”先说颍考叔留下肉不吃，而后说要把羹带给母亲，说明羹是以肉为主的。《史记·张仪列传》：“〔赵襄子〕与代王饮，阴告厨人曰：‘即酒酣乐（趁着酒喝得痛快的时候），进热啜，反斗以击之。’”司马贞《索隐》：“谓热而啜之，是羹也。”羹而称热啜，而且以“斗”进献，又说明羹主要是供喝的。《后汉书·陆续传》载，陆续入狱，“续母远至京师，觇指探听）候消息。狱事持急，无缘与续相闻。母但作馈食，付门卒以进之……〔续〕对食悲泣，不能自胜。使者怪而问其故，续曰：‘母来不得相见，故泣耳。’使者大怒，以为狱门吏卒通传意气，召将案（审问）之。续曰：‘因食饷羹，识母所自调和，故知来耳。非人告也。’使者问：何以知母所作乎？续曰：‘母尝截肉，未尝不方；断葱以寸为度。是以知之。’”由这个故事我们可以知道，羹要用“方子肉”、“段儿葱”；续母截肉必方、断葱必寸，操作是很“规矩”的，陆续据此而判定为母亲所做，又可以使我们联想到当时一般人做羹并不这样严格。《史记·项羽本纪》载，项羽要挟刘邦道：“今不急下（降），吾烹太公。”刘邦说：“吾与项羽俱北面受命怀王，曰‘约为兄弟’，吾翁即若（你的）翁，必欲烹而（尔，你）翁，幸分我一杯羹。”是古代的烹刑，也与做和羹的方法近似。

可以做羹的肉种类很多，除牛羊豕三牲外，犬、鸡、豺、熊、蛙、鼋、鹑、蟹、鱼等均可做羹。羹的特点为五味调和，因此又叫和羹。《诗经·商颂·烈祖》：“亦有和羹，既戒既平。鬷（总）假（大）无言，时靡有争。”这首诗据说是殷人祭祀殷中宗大戊时的颂歌，这几句是说，祭祀时不但有群臣，还有和羹。诸侯们来到庙堂，既肃敬（“戒”），又整齐地列位而立（“平”），大家聚集在一起（鬷），人数虽多（假），却没有纷争。郑玄解释道：“和羹者，五味调，腥热得节，食之，于人性安和。喻诸侯来助祭也，其在庙中既恭肃敬戒矣，既齐立乎列矣，至于设荐进俎（即上祭品），又总升堂而齐一，皆服其职、劝其事，寂然无言语者，无争讼者。”以和羹比喻诸侯间的和谐，这也许是后代的附会，但是由此也可以知道，古人对羹的感性认识即在于“和”。

所谓五味，是醯、醢、盐、梅、菜（详见下文）。菜只用一种，如葵、韭、葱等。以肉为主而做羹，这是“肉食者”亦即贵族们吃的，至于贫苦人，则只能吃藜羹、菜羹、藿羹，即用野菜煮成糊糊以充饥。同名为羹，其实这中间是有天壤之别的。

古书中还常提到脯。《公羊传·昭公二十五年》：“高子（齐臣）执箪（食器。详下）食与四脯脡，国子（齐臣）执壶浆，曰：‘吾寡君（指齐景公）闻君（指鲁昭公）在外，馂饔（饭食。详下）未就（等于说有所缺乏），敢致糗于从者……〔昭公〕再拜稽首，以衽受。”脯是干肉，所以与糗同类，赠送给流亡的鲁昭公是很合适的；也正因为是“干”的，所以可以“以衽受”。脯的做法是：“以十月作沸汤焊（烫去杂质）”，“以末椒姜坋（涂抹）之，暴使燥。”（见《汉书》颜师古注。颜所说的是制胃脯，作肉脯大约与此相仿。）孔颖达《周礼·膳夫》正义：“不加姜桂以盐干之者谓之脯。”说法小异，原理相同。依孔说，则古代的脯与现在的腌咸肉、云南的“牛干巴”相同。

凡肉皆可做脯，如牛、羊、豕、鹿、鱼等。郑玄注《周礼·腊（干肉）人》时说：“薄析曰脯。”即制作时要把肉切成条状。如此对待人，也就是脯刑，如《史记·殷本纪》载，九侯被醢，“鄂侯争之强，辨（辩）之疾，〔纣〕并脯鄂侯。”《左传·成公二年》：“春，齐侯伐我北鄙（边邑），围龙（邑名），〔齐〕顷公之嬖人卢蒲就魁门焉（攻打城门），龙人囚之。齐侯曰：‘勿杀。吾与而（尔）盟，无入而封。’弗听，杀而膊诸城上。”杜预注：“膊，磔也。”磔即分尸。其实膊即脯，龙人是把卢蒲就魁切成一条一条，然后放在城头暴晒，就像制脯，并非一般地分尸。

脯的特点是“干”，因此枣、果等腌制成干果也叫脯。

脯既是一条条细长形的，所以又叫脩（同修。长）。《礼记·内则》：“牛脩、鹿脯、田豕脯、麋脯、麕脯。”脩与脯并言，脩就是脯。一根脩称为一脡，十脡束扎在一起，称为一束，因此古书上常说“束脩”。《谷梁传·隐公元年》：“束脩之肉，不行竟（境）中。”这是说大夫在国内不应有私人间的交往和即使是微薄礼品的馈赠。《论语·述而》：“自行束脩以上，吾未尝无诲焉。”这是说只要给我束脩那么一点见面礼，我就会对他进行教诲。后来就以束脩称给教师的酬金。但对《述而》的这句话还有另外一种理解：束脩即束带修饰，“自行束脩以上”指可以自己照料自己、可以学习较深学问的年龄。

现在简单地说说调料。

古人十分重视食品味道的调和。《吕氏春秋·本味》：“调和之事，必以甘、酸、苦、辛、咸，先后多少，其齐（搭配的比例）甚微，皆有自起……故久而不弊，熟而不烂，甘而不哝（过甜），酸而不酷，咸而不减，辛而不烈，淡而不薄，肥而不腠（味道过厚而令人不适）。”《左传·昭公二十年》：“……‘和’如羹焉，水火、醯醢、盐梅以烹鱼肉，燀（炊）之以薪，宰夫和之，齐之以味，济其不及，以泄其过。”《吕氏春秋》说的是调味的要求，《左传》则指出了调料的作用，二者都体现了烹饪过程中的辩证法，是汉代以前烹调经验的总结。

在先秦，调和众味这件事还没有专用的词来表示，“和”、“齐”并不单指调味。到汉代就有了，称为“勺（芍）药”。这也反映了烹饪技术的进一步提高。《史记·司马相如列传》：“勺药之和具而后御之。”枚乘《七发》：“熊蹯之胹，勺药之酱。”《论衡·谴告》：“酿酒于瓮，烹肉于鼎，皆欲其气味调得也。时或咸、苦、酸、淡不应口者，由人勺药失其和也。”在这几个例子中，《史记》、《七发》中的勺（芍药）是名词，指调味品或经过调和后的味道，《论衡》的勺药则是动词，指调味的操作。

勺（芍）药一词来源于適历（分布均匀），发展到后来，就是作料、佐料、调料。勺药一词既然曾经成为调味的专称，并且保存在著名的作品中，因此后代一些作家也就沿用下来了。如王维《奉和圣制重阳节诗》：“勺药和金鼎，茱萸插玳筵。”韩愈《晚秋郾城夜会联句》：“两厢铺氍毹（毛地毯），五鼎调勺药。”但是我们要注意，这不过是诗人运用古老的词汇，并不是当时把调味还叫勺（芍）药。

调味品除了上面已提到过的醯、醢、盐、梅等之外，姜、桂、酱、豉等也早就用于调味了。这些东西至今还在沿用着，这里不需举例。要特别指出的是，由于古代生产水平的低下，上述这些在今天看来是极普通的调料，在古代一般平民家庭也是不易得的。《论语·公冶长》：“子曰：‘孰谓微生高（鲁人）直，或（有人）乞醯焉，〔微生高〕乞诸其邻而与之。’”可见并不是家家平时都有醋。《梁书·良政传》：“〔刘〕怀慰持丧，不食醯酱。”又《孝行传》：“〔沈崇傃〕治服（服孝）三年，久食麦屑，不啖盐酢（同醋）。”父母死了，于是不食盐、醋、酱以示其孝，这说明直到南北朝时这些东西还被视为奢侈品，用之则近乎过于讲究。

古代调味用梅，是作为甘甜之味入菜肴的。为什么不用糖呢？原来现在所使用的易溶的蔗糖大约至唐代始有。《老学庵笔记》卷六：“闻人茂德言：沙糖中国本无之。唐太宗时外国贡至，问其使人：‘此何物？’云：‘以甘蔗汁煎。’用其法煎成，与外国者等。自此中国方有沙糖。”闻人茂德的话是否可靠还需要研究，但这条史料说明，至迟到宋代，已经普遍食用甘蔗糖了。在蔗糖输入之前，中原地区习用的“糖”即今之麦芽糖，不溶于水，无法烹调。唐以前把这种“糖”称为饴，是用麦芽熬成的，胶状。如果掺上米粉之类使之略硬，就叫饧。今之高粱饴依然是“米蘖（芽）煎也”（见《说文》“饴”字下）的制法，只不过用的是高粱米罢了。《诗经·大雅·绵》：“周原膴膴（肥美），堇荼（都是野菜）如饴。”

饴虽不适于烹调，但却因为性黏而另有蔗糖所没有的用途。《战国策·楚策》："〔蜻蛉〕不知夫五尺童子，方将调饴胶丝，加己乎四仞之上。"用饴黏取昆虫却也是一种妙用。

（四）酒

我国酿酒的历史很久远，可以说是与种植生产同步的。据说殷朝人特别喜欢喝酒，纣王就曾"以酒为池，悬肉为林"，"为长夜之饮"（见《史记·殷本纪》）。据说殷即因此而灭亡。《尚书》中的《酒诰》，就是周成王告诫殷的遗民要以纣为鉴，不要沉湎于酒的。现代出土的殷代酒器极多，说明当时饮酒的风气的确很盛。其实喝酒并不是殷人独有的嗜好。例如在《诗经》里就有很多地方提到酒：

为此春酒，以介眉寿。（《豳风·七月》）

春酒为冬天酿制至夏始成的酒。

有酒湑我，无酒酤我。（《小雅·伐木》）

这是说王有酒，就给我喝清酒，王若无酒就给我喝一宿酿

成的酒。（湑：经过过滤的酒。酤：一宿而成的酒）

> 我有旨酒，以燕乐嘉宾之心。（《小雅·鹿鸣》）
>
> 宾既醉止，载号载呶。乱我笾豆，屡舞僛僛。是日既醉，不知其邮。侧弁之俄，屡舞傞傞。（《小雅·宾之初筵》）

这是描写周幽王与大臣们饮宴喝醉后的丑态。（呶：同闹。僛僛：歪邪的样子。邮：过失。俄：倾斜的样子。傞傞：不能自止的样子）

如果我们再结合其他文献考查，就可以清楚地看出，酒同样是周朝贵族生活中不可缺少的东西。例如《左传·昭公十二年》写晋、齐两国国君行投壶之礼，晋之大夫荀吴说："有酒如淮，有肉如坻。"齐侯说："有酒如渑，有肉如陵。"这说明他们何尝不希望有酒池肉林。历史上曾经专门谴责殷人沉湎于酒，其实是不公平的。

古代的文士中有很多贪杯豪饮的人，"不胜杯杓"者寥寥，女作家也不例外。他们不但喝酒，而且写酒、歌颂酒，好像酒以及有关酒的题材真的能够浇其胸中块垒、启其神妙的文思。酒几乎成了古代文学创作的"永恒的主题"。

古代作品中所描述的喝酒情况，有的很吓人。例如樊哙在鸿门宴上立饮斗卮酒，而且表示还能再喝；唐代的王绩号称斗酒博士：他能每天喝一斗酒；宋代的曹翰酒量更大，喝了好几斗酒后仍然十分清醒，“奏事上前（皇帝面前），数十条，皆默识（记住）不少差”。与这些人相比，李白斗酒诗百篇、武松过景阳冈之前一饮十八碗也就算不得什么了。其实古人之所以能喝这么多酒，奥秘在于古代的酒并不是烈性的。

古代的酒一般都是黍、秫煮烂后加上酒母酿成的，成酒的过程很短，而且没有经过蒸馏，其所含酒精量远远不能跟“老窖”、“陈酿”、“二锅头”比。陶潜《和郭主簿》之一：“春秫作美酒，酒熟吾自斟。”杜甫《羌村三首》：“赖知禾黍熟，已觉糟床注”；“莫辞酒味薄，黍地无人耕”。这些诗句不但告诉了我们造酒的原料，而且还说明酒是诗人或农民自酿自饮的。

烈性酒在我国出现得较晚，至早不过南宋。淡酒也有浓烈程度的不同。酿造一宿即成的叫酤，也叫醴，其味甜。现在的糯米甜酒、醪糟即与醴相似，不同的是原料，今之醪糟系用黏稻（糯米），古代则不一定。《礼记·丧大记》：“始食肉者先食干肉，始饮酒者先饮醴酒。”这是说父母死后二十五个月行过“大祥”祭，可以结束疏食饮水的服孝生活，但需有个过渡：第一步不可食鲜，也不可大开酒戒过瘾，应由酒味不浓的醴开始。《汉书·楚元王传》："初，元王敬礼申公等，穆公不耆（嗜）酒，元王每设酒，常为穆生设醴。"这也是因为醴"没劲儿"，适合不好饮酒的人喝。"醪"字在古代是指较为醇厚的酒。《史记·袁盎列传》："袁盎使吴见守（被软禁），从史适（恰好）为守盎校尉司马，乃悉以其装赍（资）置二石醇醪，会天寒，士卒饥渴，饮醉，西南陬（角落）卒皆卧，司马夜引袁盎起，曰：'君可以去矣，吴王期（预定好）旦日斩君。'"这恐怕是用灌酒法越狱的最早记录，而其所用的是醪，可见醪的酒力不小。

历时较长、经多次酿制加工的酒叫酎。《礼记·月令》："孟夏之月……天子饮酎，用礼乐。"郑玄注："春酒至此始成，与群臣以礼乐饮之于朝，正尊卑也。"这就是说酎与春酒同实而二名。汉代的"饮酎"则是一种祭祀：春酒酿成时皇帝用以献于宗庙。《汉书·景帝纪》："高庙（汉高祖刘邦的庙）酎，奏《武德》、《文始》、《五行》之舞。"颜注引张晏曰："正月旦作，八月成，名曰酎……至武帝时因八月尝酎，会诸侯庙中，出金助祭，所谓'酎金'也。"所谓正月旦作、八月成，是就汉代历法而言。汉以夏历十月为岁首，则其八月为夏历五月，十月为孟冬（冬季第一个月），五月为仲夏（夏季第二个月），符合上文所说的春酒酿造的时间，只不过汉代的“饮酎”之祭迟于《月令》所说的天子“饮酎”一个月而已。酎金的规定自汉武帝（一说文帝）时实行以后，几乎又成了中央政权削弱诸侯势力、剥夺诸侯封地的借口。《史记·平准书》：“至酎，少府省（检验）金，而列侯坐酎金失侯者百余人。”《集解》引如淳曰：“《汉仪注》：‘王子为侯，侯岁以户口酎黄金于汉庙，皇帝临受献金以助祭。大祀日饮酎，饮酎受金。金少不如斤两，色恶（成色不好），王削县，侯免国。”《汉书·东方朔传》记载了这样一件事：“初，建元三年，〔汉武帝〕微行（改装外出）始出……微行常用饮酎已。八九月中，与侍中、常侍、武骑及待诏，陇西北地良家子能骑射者，期诸殿门——故有期门之号自此始——微行以夜，漏下十刻乃出。”其中“微行常用饮酎已”，意思是武帝偷偷出宫游猎常常是在“饮酎”之祭行过之后，所以下句说“八九月中”。汉之八九月正是盛夏，庄稼遍地，所以当武帝及其从人“驰骛禾稼稻秔之地”后，“民皆呼号骂詈”。

比醪、酎更烈的酒叫醲、醇。《说文》：“醲，厚酒也。”“醇，不浇酒也。”厚即酒味厚、酒性烈；不浇即不掺水，也就是酒精度数高。《说文》还有“醹，厚酒也”、“醋，重酿酒也”，这也是较烈的酒，而醋与酎同类。但在古代文献中醹、䤈很少见，酞、醇多用为形容词，表示酒的品质。《诗经·大雅·行苇》：“曾孙维主，酒醴维醹。酌以大斗，以祈黄耇。”（曾孙：指周成王。大斗：柄长容积大的舀酒斗杓。黄：指黄发，高寿之征。耇：老。黄耇即老人。）枚乘《七发》：“饮食则温淳甘膬，脭酞肥厚。”（脭：也是肥的意思。厚：也指酒浓。）《史记·曹相国世家》：“卿大夫已下吏及宾客见〔曹〕参不事，来者皆欲有言。至者，参辄饮以醇酒。”《后汉书·仲长统传》：“三牲之肉，臭而不可食；清醇之酎，败而不可饮。”

酒酿成时汁与渣滓混在一起，是混浊的，若经过过滤，除去渣滓（糟），就清澈了，所以古人常说浊酒、清酒。嵇康《与山巨源绝交书》：“今但愿守陋巷、教养子孙，时与亲旧叙离阔、陈说平生，浊酒一杯，弹琴一曲，志愿毕矣。”杜甫《登高》：“艰难苦恨繁霜鬓，潦倒新停浊酒杯。”显然，浊酒是较低级的酒。“清酒”一词有两种含义，一是滤去渣滓的酒。《后汉书·南蛮传》：“〔秦昭襄王刻石〕盟曰：‘秦犯夷，输黄龙一双；夷犯秦，输清酒一钟。’夷人安之。”《三国志·管辂传》注引《管辂列传》："琊琊太守单子春雅有材度，闻辂一黌（学校）之俊，欲得见。辂父即遣辂造（往）之……辂问子春：'……辂既年少，胆未坚刚，若欲相观，惧失精神，请先饮三升清酒，然后而言之。'子春喜之，便酌三升清酒，独使饮之。"另一种意思是专指祭祀所用的酒，其实也就是醪、酎、春酒。《周礼·酒正》："辨三酒之物，一曰事酒，二曰昔酒，三曰清酒。"郑玄注："郑司农云：'事酒，有事而饮也；昔酒，无事而饮也；清酒，祭祀之酒。'玄谓事酒酌有事者之酒，其酒则今之醳酒也；昔酒，今之酋久白酒，所谓旧醳者也；清酒，今中山冬酿接夏而成。"（醳：新酿的较醇的酒。酋：在这里也是久的意思。）祭祀用的酒又叫清酌。《礼记·曲礼下》："凡祭宗庙之礼……酒曰清酌。"韩愈《祭柳子厚文》："维年月日，韩愈谨以清酌庶羞之奠，祭于亡友柳子厚之灵。"

古代的酒也有糯米做的，当糟滓未经滤出时，即泛出白色，因而浊酒又称白酒。李白《南陵别儿童入京》："白酒新熟山中归，黄鸡啄黍秋正肥。"《陇西行》："清白各异樽，酒上正华疏。"现在上海人喝的白酒就还是古之浊酒，而在北方，白酒早已指烈性的烧酒了。

酒的过滤叫漉。《南史·陶潜传》："郡将候潜，逢其酒熟，〔潜〕取头上葛巾漉酒，毕，还著头上。”陆游《野饭》：“时能唤邻里，小瓮酒新漉。”浊酒也可以由其自行沉淀而稍清。杜甫《羌村三首》：“手中各有携，倾榼浊复清。”

在古书中我们还可以见到酒变酸的记载，这在喝惯了烧酒的人似乎是不可理解的。其实道理很简单：酒中杂质多，糖分多，放久了自然会变酸。《晏子春秋·内篇上》说：“人有酤（同沽，卖），为器甚洁清，置表（标志，即酒幌子）甚长”，但是因为家里养的狗太凶，没有人敢来光顾，因而“酒酸不售”。又《内篇谏下》：“酒醴酸，不胜饮也（酒多得喝不完）。”

最迟到唐代，酒的品种就很多了。王翰《凉州曲》中“葡萄美酒夜光杯”的名句已经是人们所熟知的了，而有些酒则只是在诗文中保留其名，而其酿制方法早已失传，甚至这些酒的味道、颜色等等特色也已无法考证。例如《汉书》上提到了“百末酒”、“挏马酒”（见《礼乐志》），南北朝有石榴酒、梅花酒（见梁简文帝等人诗、《四民月令》），以后又有琥珀酒、金银酒、紫驼酒等。陆游《老学庵笔记》卷五中提到：“唐人喜赤酒、甜酒、灰酒，皆不可解。李长吉云：‘琉璃钟，琥珀浓，小槽酒滴珍珠红。’白乐天云：‘荔枝新熟鸡冠色，烧酒初开琥珀香。’杜子美云：‘不放香醪如蜜甜。’陆鲁望云：‘酒滴灰香似去年。’”宋人已觉“不可解”，则现在就更无法追寻了。

（五）食器和饮食习惯

古代烹调与饮食所使用的器具，跟烹调的技术、饮食的习惯密不可分。而这一切又都取决于生产力、生产工具的发展状况。就现有文献和出土文物看，最早的饮食器具为石制、陶制，后来人们掌握了采矿、冶炼技术，就开始使用铜器。铁的熔点高，而且较脆，需要更高的技术，因而铁制器具的出现最晚。食器，特别是炊具，还有一个从大到小，从粗到精，从厚到薄的过程，这不仅跟冶炼技术、烹调技术有密切关系，同时也与炊灶火力的运用有关，二者是互相促进的。

上文我们说到过的烤、熏等食法，是食物与火直接接触，可以不用什么炊具。那些不宜于直接拿来在火上烧的食物，例如谷物、蔬菜、动物内脏等，要想熟食就要另想办法。

我们祖先最初使用的是石炊法，即利用石头来传热。据人类学和民俗学的研究，参考后代的习俗和传说，具体的方法是这样的：先把石块或石板烧热，然后把谷物放在上面烫熟；如果是要“煮”的食物，就把水与食物放在石坑或其他容器里，用火把石头烧热，不断地探入水中，直至水沸物熟。但是，这些都还没有地下挖掘的实物作证明。

现在有文献和实物的证明，可以使我们确知的，是陶、铜、铁的器皿。下面依次介绍一些常见的炊具、食具和酒具。

上古的炊具有鼎、鬲、镬、甑、甗等。

鼎是煮肉和盛肉的。当时的肉食并不像后代那样一律切成小块，而是除了“羹”之外，一般都要把牲体解为几大块（随着使用场合的不同而分解为二体、七体、二十一体），也有不进行体解而煮全牲的时候。因此，鼎都比较大。鼎以圆腹三足的为多，也有方腹四足的。因此后代常说“鼎足而立”，或说“鼎足”、“鼎立”，意即力量三分或三家对峙。鼎口处有直立的两耳，可以穿进杠子以便抬举。在鼎下烧火。因为鼎大，壁厚，烧火无灶难以集中火力，所以可以想见当时用鼎煮食多么费力、费燃料。

鬲是煮粥的。其形与鼎相近，三足是空的，与腹相通，因为鬲都较小，承重不大，空足可以支撑而不至破损，更重要的，是为了最大限度地受火，加快米熟的速度，由此也可见我们的祖先很早就懂得“节省能源”了。

镬是专门煮肉的。郑玄说："镬所以煮肉及鱼腊之器，既熟，乃脀（升，进）于鼎。"镬也是大腹，圆形，但没有足。因为鼎受火过于猛烈足部容易损坏，所以镬作为煮肉器更为常用。古代的酷刑烹（见上文），就是把人扔进镬里。《史记·范雎蔡泽列传》写须贾向范雎请罪，说："贾有汤镬之罪，请自屏于胡貉之地，惟君死生之"；《史记·廉颇蔺相如列传》中蔺相如对秦王说："臣知欺大王之罪当诛也，臣请就鼎镬。"他们所说的便都是烹刑。

甑是蒸饭的工具，类似今天的笼屉，直口，或口边向外翻卷，立耳，平底，底部有孔以通气，很像现在的箅子。米放在甑中，甑放在鬲上，鬲中放水。《论衡·知实》："颜渊炊饭，尘落甑中，欲置之则不清，投地则弃饭，掇而食之。"尘落甑中也就是落到饭上。上下两器合成一套就叫甗。也有把上下做成一个整体的，也叫甗。甑更常跟釜配套使用，所以古书上常以釜甑连言。《孟子·滕文公上》："许子（许行）以釜甑爨，以铁耕乎？"釜的口稍敛，有的有耳，有的没有。《世说新语·夙惠》："宾客诣陈太丘宿，太丘使元方、季方炊。客与太丘议论，二人进火，俱委（放下手里的活）而窃听，炊忘箸箄（箅），饭落釜中。太丘问炊何不馏（指熟），元方、季方长跪曰：'大人与客语，乃俱窃听，炊忘箸箄，今成糜（等于说粥、烂糊糊）。’太丘曰：‘尔颇有所识（理解）不？’对曰：‘仿佛志（记得）之。’二子俱说，更相易夺（抢着复述），言无遗失。太丘曰：‘如此，但糜自可，何必饭也？’”这个故事告诉我们，甑釜连用自上古至今从未间断，而到南北朝时期甑已称为箄（箅）了。

釜的用途与鬲相近，但所煮的不限于粥。《汉书·楚元王传》：“〔刘邦〕时时与宾客过其丘嫂（大嫂）食。嫂厌叔（小叔子，指刘邦）与客来，阳（同佯，假装）羹尽轑釜（杓子在空釜中撞击）。”曹植《七步诗》：“萁（豆秸）在釜下燃，豆在釜中泣。”釜也是量器名。《论语·雍也》：“子华（孔子弟子公西华的字）使于齐，冉有（也是孔子的弟子）为其母（子华之母）请粟。子曰：‘与之釜。’”一釜为六斗四升。在这个意义上，釜又写成鬴。

古代食器的种类很多，跟今天的器皿差别较大的有簋、簠、盂、敦、豆、笾等。

簋的形状很像大碗，圆口，大腹，下有圆座。但也有有耳或方座的。最初用以盛粮食。《诗经·小雅·伐木》：“于粲（鲜明的样子）洒扫，陈馈八簋。”郑笺：“粲然已洒攥（扫除）矣，陈其黍稷矣。”后来也用于进餐。古人吃饭时先从甗中把饭盛到簋里再食用。《韩诗外传》卷三：“昔者舜甑盆无膻（指不吃肉），而下不以余（生活富裕）获罪；饭乎土簋，啜乎土型（同铏，盛羹的器皿），而工不以巧获罪。”饭与簋关系之密切于此可见。

簠与簋同类。《周礼·舍人》：“凡祭祀，共（供）簠、簋，实之（装满它）陈之（把它陈列好）。”郑玄注：“方曰簠，圆曰簋，盛黍稷稻粱器。”可见簠起初也是盛粮的。但簠簋并非严格地以方、圆分，簠有圆的，簋也有方的。因为簠簋常常在一起使用，所以二者时常连称，后代并用以代表祭祀。韩愈《元和圣德诗》：“掉弃兵革，私习簠簋。”《汉书·贾谊传》：“古者大臣有坐不廉而废者，不谓不廉，曰‘簠簋不饬（同饰）’。”“簠簋不饬”字面的意思是对于宗庙祭祀的事不敬。

簠的形状很像现在的高脚盘，但很多是有盖子的。与簠样子相近的是豆，豆在盘下的立茎上有柄，簠则没有。《韩非子·外储说左上》：“〔晋〕文公反（返）国，至河，令笾豆捐（弃）之，席蓐捐之，手足胼胝（老茧）、面目黧黑者后之。”这是以豆为食器。《诗经·大雅·生民》：“卬（我。后稷自指）盛于豆，于豆于登（瓦豆），其香始升，上帝居歆（享）。”这是以豆为祭器。毛传：“豆荐菹（肉酱）醢也，登〔荐〕大羹（烹调简单的羹）也。”《晏子春秋·内杂下》：“夫十总（八十根线，指经线）之布，一豆之食，足矣（据《说苑》改）。”这是以豆为量器。古代四升为豆。

箪是竹制或苇制的盛器，常用以盛饭。《论语·雍也》：“一箪食，一瓢饮，在陋巷，人不堪其忧，回也不改其乐。”《孟子·梁惠王下》：“今燕虐其民，王（指齐宣王）往而征之，民以为将拯己于水火之中也，箪食壶浆以迎王师。”“箪食壶浆”本来是说用箪盛着食物，用壶装着饮料，后来便用以指群众欢迎军队时犒献之物。

古代也有盘、碗等食器，因为与现在所用的差别不大，因此不再叙述。

上古的酒器有尊、壶、卣、彝、罍、缶（以上为盛酒器），爵、觯、觚、斝、觥等（以上为饮酒器）。

尊作为专名，是敞口、高颈、圈足的大型盛酒器。上面常常饰有动物形象，于是有牺尊、象尊、龙虎尊等名称。《诗经·鲁颂·閟宫》：“白牡骍刚（赤色牛），牺尊将将（高大的样子）。”《周礼·司尊彝》：“其舟献（祭祀时第二次献酒），用两象尊。”郑玄注：“或曰，以象首饰钟鼎。”尊又是盛酒器的总名，凡酒器都可以称尊。陆游《杂感》：“一尊易致葡萄酒，万里难逢鹳鹊楼。”尊又写作樽、罇。

壶的特点是长颈、大腹、圈足（圆座），有的有提梁，有盖。《诗经·大雅·韩奕》：“显父饯之，清酒百壶。”壶也用来盛食物。《左传·僖公二十五年》：“昔赵衰（晋文公的臣）以壶飧（熟食，详下）径从，馁而弗食。”

卣是椭圆形的大扁壶，有盖和提梁。《左传·僖公二十八年》载城濮之战晋打败楚后，“〔周王〕策命晋侯为侯伯，赐之……秬鬯（黑黍酒）一卣。”

彝为方形或长方形，有盖，有的有耳。《说文》：“彝，宗庙常器也。”其实彝与尊同类，郑玄《周礼·司尊彝》注：“彝亦尊也。”但因为它是“常器”，所以彝即代表宗庙祭祀时所用的各种礼器。《左传·定公四年》：“祝、宗、卜、史，备物、典策，官司彝器。”孔颖达正义：“官司彝器，谓百官常用之器，盖罇罍俎豆之属。”

罍是大型盛酒器，有圆有方，短颈，大腹，有的口大，有的口小。《诗经·周南·卷耳》：“我姑酌彼金罍，维以不永怀。”

缶据说是秦地的酒器。大概秦地采矿与冶炼较内地落后，酒器多用陶制。《史记·廉颇蔺相如列传》：“蔺相如前曰：‘赵王窃闻秦王善为秦声，请奉（进献）盆缻（同缶）秦王，以相娱乐。”秦王“令赵王鼓瑟”，是对赵的侮辱；蔺相如反击，不但要秦王击乐，而且偏要他用缶来演奏，以示秦之落后，这是极大的蔑视，所以秦王拒绝。正因为缶作为乐器为秦地所特有，所以杨恽在《报孙会宗书》中说："家本秦也，能为秦声……仰天抚缶而呼呜呜。"

爵是古代饮酒器的通名。作为专名，其形为深腹，前边有流酒的槽（"流"），槽与口相接处有柱，底部有三足，可以放到火上温酒。《诗经·小雅·宾之初筵》："酌彼康爵，以奏尔时。"康爵即空爵，这两句是说往喝干了的爵中注酒，向你此时心中所尊敬的人进献。《左传·宣公二年》："臣侍君宴，过三爵，非礼也。"至于爵位之爵，也是从酒爵义引申出来的。《礼记·中庸》："宗庙之礼，序昭穆（被祭者所排的位次）也，序爵，所以辨贵贱也。"

觚是最常用的饮酒器，多与爵配套使用。觚的口像喇叭，长颈，细腰，圈足。《论语·雍也》："觚不觚，觚哉，觚哉。"何晏《集解》："以喻为政不得其道则不成。"据说觚也是礼器，所以孔子借觚不成其觚来打比方。

斝的形状像爵，但圆口，也有圆底的。《左传·昭公七年》："〔燕〕赂〔齐〕以瑶瓮、玉椟、斝耳。"孔颖达正义："斝，爵名，以玉为之，旁有耳，若今之杯，故名'耳'。"

觥也用以盛酒。其形像一只横放着的兽角或瓢，有盖，由锐端往外注酒，多作兽形。《诗经·豳风·七月》：“称（举）彼兕觥，万寿无疆。”后代诗文中提到觥则已经是饮酒器的代称。欧阳修《醉翁亭记》：“觥筹（行酒令时用的筹码）交错，坐起而喧哗者，众宾欢也。”觥又写作觵，《周礼·闾胥》：“凡事掌其比（比较饮酒者的表现），觵挞罚之事。”贾公彦疏：“凡有失礼者，以觵酒罚之，重者以楚（荆条）挞之。”

酒器中还有觞也是常见于诗文的，其形状不详。张衡《东京赋》：“执銮刀以袒割，奉觞豆于国叟。”颜延之《陶征士诔》：“念昔私宴，举觞相诲。”

附带说一说古人饮食的习惯。

古人一日两餐，第一顿饭叫朝食，又叫饔。古人按太阳在顶空中的位置标志时间，太阳行至东南角叫隅中，朝食就在隅中之前，那个时刻叫食时。依此推测，大约相当于上午九点左右。《左传·成公二年》写齐晋鞌之战，齐侯说：“余姑翦灭此而朝食！”意思是晋军不禁一打，天亮后交战，待消灭了晋军也误不了“朝食”，其傲视对方、轻敌浮躁的神态跃然纸上。《史记·项羽本纪》写项羽听说刘邦要独霸关中，于是大怒，说："旦日享士卒，为击破沛公军！"旦日是一大早，太阳刚刚露出地平线，这时本不该吃饭。项羽的意思是半夜做饭，天一蒙蒙亮就"享士卒"，早早进军，早点把刘邦消灭。一句"旦日享士卒"集中表现了他急不可耐的心情。

第二顿饭叫餔食，又叫飧，一般是申时（下午四点左右）吃。所以《说文》说："餔，申时食也。"（从段玉裁改）《淮南子·天文训》："日至于悲谷（传说中的西南方的大深谷），是谓餔时。"《后汉书·王符传》："百姓废农桑而趋府廷者，相续道路，非朝餔不得通，非意气不得见。"朝指朝食时，餔指餔食时。在这个意义上后来写作晡。宋玉《神女赋》："晡夕之后，精神恍惚。"餔由表示晚餐引申为表示一般的吃，《楚辞·渔父》："众人皆醉，何不餔其糟而歠其醨（lí，离。薄酒）？"

飧，《说文·新附》作馂，"食之余也"。前人把二字割裂开看，未得其解，其实若从古人饮食习惯上考察，问题就清楚了。古代稼穑艰难产量不高，取火不易做饭费时，因此晚餐一般只是把朝食剩下的（或是有意多做的）热一热吃。《说文》："饔，孰（熟）食也。"意思是现做现吃的饭，这就意味着与之相对的飧是食之余，否则单说饔是熟食，难道飧则生食不成？《公羊传·宣公六年》写晋灵公派勇士刺杀赵盾，“入其大门，则无人门（守门）焉者；入其闺（小门，即二门），则无人闺焉者；上其堂，则无人焉；俯而阙（窥）其户，方食鱼飧。勇士曰：‘嘻！子诚仁人也……子为晋国重卿，而食鱼之飧，是子之俭也。’”根据《左传》所载，知勇士是一大早去的，晨食鱼飧，即头天晚上吃剩的鱼。这确乎不是一国之正卿所当食，所以勇士叹服其俭。《左传·僖公二十五年》：“昔赵衰以壶飧径从，馁而弗食。”既言飧，那么赵衰带的是剩饭，这正是一个逃亡者行路时的饮食。现在晋、冀、豫几省交界的山区还保留着这种每日两餐、晚餐吃剩饭而不另做的习惯，且多为稀饭。晋东南称之为酸饭，其实剩饭并不酸，酸即馂的音变。

饔飧既然是一天中的两顿正餐，因而也就可以泛指饭食。《孟子·滕文公上》：“贤者与民并耕而食，饔飧而治。”饔飧在这里即指自己烧饭吃。

因为一日两餐，又是“日出而作，日入而息”，因此古人没有睡午觉的习惯。《论语·公冶长》：“宰予（孔子弟子）昼寝，子曰：‘朽木不可雕也，粪土之墙不可杇（涂饰）也，于予与何诛（责备）？’”为什么学生白天睡个觉孔子就生这么大的气？因为“昼寝”必在两餐之间，吃了睡，醒了又吃，不久日落又该就寝，这一天将什么也干不成了。

古人席地而坐（详见第三编）。肉在镬中煮熟后用“匕”把肉取出放到俎（砧板）上，然后将俎移至席上，食者用刀割取。匕，《说文》上说：“亦所以取饭也。”也就是说匕即后代的饭杓。根据文献可知古代匕有两种，舀饭的匕较小，把肉（即上文所说的牲之一体）盛出的匕较大。《仪礼·少牢馈食礼》：“廪人概（同溉，洗）甑、甗、匕与敦于廪爨。”郑玄注：“匕，所以匕黍稷者也。”这是饭匕。《诗经·小雅·大东》：“有饛（满的样子）簋飧，有捄（长长的样子）棘匕。”毛传：“匕，所以载（等于说捞、盛）鼎实（鼎中的牲体）也。”这是盛肉之匕。因为匕、俎、刀为食肉时所必需，所以刀匕、刀俎时常连言。《礼记·檀弓下》：“蒉（杜蒉，晋平公的宰夫）也，宰夫也，非刀匕是共（供）。”《史记·项羽本纪》：“如今人方为刀俎，我为鱼肉。”这是以刀俎喻宰割者。又：“项王曰：‘赐之彘肩。’则与一生彘肩。樊哙复其盾于地，加彘肩〔于盾〕上，拔剑切而啗之。”樊哙是后来闯进去的，身份又低，自然没有他的席位、刀俎，于是只好复盾代俎、拔剑代刀，吃得不但有气魄，而且是与古人进食的规矩、习惯一致的。饭在甑中蒸熟后也是用匕取出，放入簠簋，移到席上。

酒则贮存在罍等大型盛酒器中，要喝时注入壶、尊，放在席旁，然后用勺斗斟入爵、觚、觯等酒器中饮用，饮罢，饮酒器再放回到席上。《诗经·小雅·蓼莪》：“缾（同瓶，指尊壶等）之罄矣，维罍之耻。”尊壶中无酒则是罍的耻辱，因为尊壶中的酒是由罍供应的。又《大东》：“维北有斗，不可以挹酒浆。”天上邻近的一些星因其排列像“斗”而得名（这里的斗指古二十八宿的斗宿，又称南斗，以区别于北斗），诗人又由南斗联想到挹酒的勺斗。上述这两首诗正反映了古人饮酒的过程。

上古吃主食时主要用手捏。《礼记·曲礼上》：“共饭不泽手。”孔颖达正义：“古之礼，饭不用箸（莇，筷子），但用手，既与人共饭，手宜絜（洁）净，不得临时始挼莎（两手相搓）手乃食，恐为人秽也。”其实吃肉时，用刀割开后也是用手抓着往嘴里送的。正因为手与直接进口的食物接触，所以古人饭前要洗手。《管子·弟子职》：“先生将食，弟子馔馈，摄衽盥（洗手）漱，跪坐而馈。”《左传·昭公二十年》：“华亥（宋大夫）与其妻，必盥而食所质（抵押）公子者而后食。”现在一些少数民族仍然保留着这种吃法。

最初食器直接放在席上，后来有了托盘，即放在托盘上再上席。托盘为长方形或圆形，四足或三足，古代叫案。《汉书·外戚传》：“许后朝皇太后，亲奉（捧）案上食。”《后汉书·梁鸿传》："每归，妻为具食，不敢于鸿前仰视，举案齐眉。"这两位妇女能够捧举，是因为食案既小且矮。古书上还有所谓书案、奏案，其实即食案的演变。《后汉书·刘玄传》："韩夫人尤嗜酒，每侍饮，见常侍奏事，辄怒曰：'帝方对我饮，正用此时持事来乎？'起抵（击）破书案。"《资治通鉴》："〔孙权〕因拔刀斫前奏案，曰：'诸将吏敢复有言当迎〔曹〕操者，与此案同。'"

以上所述古人饮食的状况，是古代诗文中常见的，实际上多数都是贵族富人的所食所用，贫苦人是很难享受到的。贫困者的生活在古代诗文中虽然也有所表现，但大多不够详细具体，因此，富贵者的饮食状况与我们阅读古书、了解古代生产生活和风俗习惯的关系更为密切。

古代贫苦劳动者的饮食跟社会上层人物有着天壤之别。一方面"食前方丈"（见《孟子·尽心下》，赵岐注："极五味之馔食，列于前，方一丈"），另一方面"饥者甘糟糠"（《史记·秦始皇本纪》）。因此在古代文学的优秀篇什中，常用对比的方法揭示这种差别。例如《韩诗外传》卷七："三斗之稷不足于士，而君雁鹜有余粟"；《淮南子·主术训》："贫民糟糠不接于口，而虎狼熊罴（指苑囿中所养的野兽）厌刍豢。”“朱门酒肉臭，路有冻死骨”的现象，是自进入阶级社会以来就有的，在整个封建社会中从来没有间断过。

第三编　宫室和起居

对于古代的房屋建筑，在儒家的经典上有不少记述，历代学者所做的考证也不少；古代的礼制中对人在建筑物内的活动也有不少细致甚至繁琐的规定。但是，如果从大量的诗文作品中考察，并核之以古代建筑遗址地下挖掘的情况，则经典上所写的有好多并非事实，而对于人们起居的规定也并非都是当时的情况，有不少是著书立说人的理想或后代人的附会。例如《周礼·考工记·匠人》："左祖右社，面朝后市。"这应是帝王宫廷的大体布局。祖即祖庙，社为祭社神、稷神之所，二者分别建在宫廷的左、右。朝为群臣朝会处，市为城中市场，一前一后。但是实际上直至唐代这个建筑格式也并未用于实践；反而是元、明、清才按左祖右社安排，这显然是在附会"古制"。而其间也有所发展。例如若依《考工记》，祖、社应在宫廷的正左正右，而明代则分别建于左前方右前方（即今北京的劳动人民文化宫和中山公园），这是为了使祖、社与宫廷本身连成一个大的群体建筑。倒是元大都对祖、社的安排与《考工记》一致。

由此可见，我们要了解古代的建筑和人们生活起居的情况，还应该从古代的作品中“就事论事”，因为古代文人写作时虽然也会有所夸张，不无浪漫、理想的色彩，但任何人构思落笔都不能脱离现实的启示和局囿，所以他们写下的更为可信。当然，儒家经典中的记载也并非毫无事实作根据，因而也值得参考。

（一）宫室

1. 穴居与版筑

我们的祖先，最早是穴居：从原始人利用天然崖洞以避雨雪风寒，发展到在平地上建造浅穴式的房屋，在相当长的历史时期中，一直没有脱离一个“穴”字。《周易·系辞下》：“上古穴居而野处，后世圣人易之以宫室，上栋下宇，以待风雨。”我们的古人是早就考察了人类居住条件的演变过程的。这从一些汉字的形体和意义上也可以看得出来。例如《说文》上说：

> 穴，土室也。
>
> 窨，地室也。
>
> 窻（窗），通孔也。
>
> 竆，极也。
>
> 窘，迫也。

说穴为土室，窨为地室，当是古代生活和语言的遗留。现在北方还有“地窨子”（地下室）的说法，而穴已经变为孔、洞的泛称，看不出古人穴居的痕迹了，需借《说文》以明字的古义和古人居住的情况。窗（窻）字从穴，说明建筑上的这一设施是由穴居时代就有的：在穴壁上开孔即为窗。竆（今简化为穷），穴下一个“躳”字，躳即身体。这是一个形声兼会意字，即竆字既从躳得声，又表示一个人进入穴室中。穴室只有一个出入口，人一直往里走是没有“出路”的，也就是走到了尽头、顶点。古代穷与达相对，达即通达，畅行无阻，然则穷的本义即无路可走。窘迫的窘也从穴，也是因为以人在穴中表示受困的意思。

地下的挖掘也证明了远古穴居的事实。山顶洞人距离文明社会还很久远，我们不去管它。西安半坡村原始社会遗址则可以给我们许多启发。这个遗址中的房屋有两种：方形的多为浅穴，深五十至八十厘米，穴的四周紧密地排列木柱，并从外面敷上草或草泥以形成墙壁。其他地方发现的浅穴式房屋，也是从地面下挖一米左右。有意思的是，在这些半地穴式的房屋中央（有的略靠近门口）都有一个灶坑，这个坑当然也是穴，因此灶字古写作竈，也从穴。在半坡村也发现了建在地面上的房屋遗址，墙壁也是用排木敷以草、泥而成。随后，大约在商代，已经大量使用版筑的方法立墙，当然，半穴式的房屋仍然存在，但大概只是奴隶的住所：墙壁厚实而又全在地上的房子总比浅穴舒服。

所谓版筑，现在叫干打垒。其筑法是：先在地上立两行木柱，柱里放板，两行木板之间填以黄土，用夯一层层夯实，然后撤去板、柱。《孟子·告子下》：“傅说举于版筑之间。”傅说是殷高宗武丁的名相，据说当初他曾在傅岩为人筑墙，后来被武丁发现起用。这件事，在《墨子·尚贤》等处也有记载，结合商代遗址的挖掘情况考察，说武丁时已有版筑，是可信的。《说文》：“栽，筑墙长版也。”“牏，筑墙短版也。”所谓长版，即墙两边的版，因为墙长，宜用长版；短版，即墙两头的版，宜短。单是墙版名称就已分得这样细，可见版筑一业是很发达的。

夯土、版筑的出现是古代建筑发展中的一件大事。这种技术不但可以提供坚固、保温防暑的房屋，而且可以就地取材，施工方便迅速。版筑后来也应用于筑城墙、修堤坝，而且经久不废，从殷商一直沿用至今。在制砖技术未被广泛应用的时代，即使是最高统治者的住房也要用版筑。《左传·宣公二年》：“晋灵公不君。厚敛以彫）雕）墙；从台上弹人而观其辟（避）丸也；宰夫胹熊蹯不孰，杀之，寘诸畚，使妇人载以过朝。”晋灵公所雕的，即版筑的土墙，在当时已是极为奢侈的举动，因此作为其“不君”的三个罪状之一，与戏弄坑害百姓（一说大臣）、草菅人命并列。旧题汉无名氏所撰的《三辅黄图·咸阳故城》说：“离宫别馆，相望联属，木衣绨绣，土被朱紫。”木即屋柱，土即墙壁。从现代的地下发现看，砖的使用到汉代才较普遍，秦始皇宫室之墙以土夯成再涂以颜色是可能的。

往墙上涂抹白灰使之光滑洁净并防雨水冲刷的破坏，在古代叫“圬”（又写作杇）。《左传·襄公三十一年》：“圬人以时塓（涂抹）馆宫室。”《论语·公冶长》：“朽木不可雕也，粪土（脏土）之墙不可杇也。”脏土缺乏黏性，筑墙不牢，墙面既不平整又难附着涂料，所以说不可杇，且与朽木并列。

自从居室从浅穴演进为地面建筑后，便又相应地产生了一批反映这种新型居住条件的文字，例如室、家、宅、宗、安等。这些字都从“宀”，在古文字里作，正是版筑房屋的正面或侧面的形象。

2. 城市布局

春秋时期以前的城市，是周天子和诸侯们居住和统治全国的中心，城市里的手工业主要是为君王贵族服务，商业还没有充分发展起来，因此城市的规模比较小。《周礼·考工记·匠人》：“匠人营（测量、建造）国（京城）方九里，旁三门。”方九里，指城的每边九里，即九里的平方。据说当时以五步为三丈（双足各跨一次为一步），一百八十丈为一里，计一里为三百步，则古里小于今。《左传·隐公元年》：“都城（诸侯下属的城市）过百雉，国之害也。先王之制，大都不过三国（诸侯国都）之一，中五之一，小九之一。”一雉为三丈长、一丈高，这里说的百雉，只着眼于长度。百雉为三百丈，既然是三分国都之一，则国都每边应为九百丈，五里。如果《考工记》和《左传》的记载可靠，估算起来，周天子的京城约相当于北京的皇城，诸侯（例如郑国）

的国都则略大于故宫。

到战国时期，城市日趋繁荣，面积扩大，例如《史记·苏秦列传》上说齐的国都临淄（今山东临淄）“七万户”，“车毂击，人肩摩”。七万户的人口总有三十多万了，其城的规模可以约略想见。又如燕下都（在今河北易县东南），城址为两个方形的不规则结合，东西约八千三百米，南北约四千米，与明清两代北京的内城略同。

从已发现的战国诸国的城市遗址看，城的四周都有夯土筑成的城墙，有的还有通贯全城的中心街道和与之垂直的若干小街，说明当时的城市已经开始有较为统一整齐的规划了。

汉代首都长安，由于先建宫殿后筑城墙，也由于地势南高北低临近渭水，因此城墙的形状不规则，历史上有名的未央宫位于城的西南角，长乐宫位于东南角。长乐宫先成，为汉代最初政治活动的中心。《史记·叔孙通列传》：“汉七年（即高祖称王的第七年，称帝后的第三年），长乐宫成，诸侯群臣皆朝十月（汉代以十月为岁首，参见第二编）。”又《史记·高祖本纪》：“八年……萧丞相（萧何）营作未央宫，立东阙、北阙（阙：这里指大门，详下），前殿、武库、太仓。高祖还，见宫阙甚壮，怒，谓萧何曰：‘天下匈匈苦战数岁，成败未可知，是何治宫室过度也？’萧何曰：‘天下方未定，故可因遂就宫室。且夫天子以四海为家，非壮丽无以重威，且无令后世有以加也。’高祖乃悦。”“重威”是壮其宫阙的目的之一，在我国整个封建社会中，一直为统治者的建筑原则。未央宫虽成，但刘邦在位时却仍在长乐宫居住、理事。例如《淮阴侯列传》载吕后要杀韩信，便与萧何设计，“诈令人从上所（皇帝那里，指刘邦平定陈豨叛乱的前线）来，言豨已得死，列侯群臣皆贺。相国绐（骗）信曰：‘虽疾（病），强入贺。’信入，吕后使武士缚信，斩之长乐钟室。”而刘邦最后也死在长乐宫中。及至惠帝，七年后就是在未央宫死去的了。《文帝本纪》：“群臣以礼次侍。乃使太仆〔灌〕婴与东牟侯〔刘〕兴居清宫，奉天子法驾，迎于代邸（文帝为代王时在长安的官邸）。皇帝即日夕入未央宫。”大约从惠、文之际，宫廷的活动中心即转至未央宫。

汉代的长安，确立了首都以宫城为主体的规划思想，这一原则一直为历代帝王所遵守，但各个朝代又都有所改变、发展。例如西汉宫掖全在长安城的南部；东汉建都洛阳，则城的中心建南北二宫；曹魏经营邺城（在今河南安阳东北），以一条大道东西横贯全城，宫城建于大道之北；隋唐的国都建在汉长安城的东南方，全城成规则的长方形，宫城设于城的北部中央，宫城以南又建皇城，以后又在城外东北方建大明宫，城东建庆兴宫；北宋的都城是汴梁（今开封市），城有三重，城墙内有内城，宫城设于内城的中央，这样一个格局也为后来明清两代所沿用（内城则改称皇城）。

历代帝王除了注意宫城的规划建筑外，同时也逐渐注意到平民住宅区、商业区和街道的规划布局。

汉代的长安城里还有九府、三庙、九市、一百六十闾里，但却分布在城南北部的几个宫城周围，可以说，这时帝王与平民是“杂居”的。东汉的洛阳被宫城一分为二，东西往来不便。邺城则有所改进，城的北半部为贵族区，宫城西边为禁苑、仓库、马厩，东边为王族居住区和官署；城的南半部为居民住宅区。历史上有名的铜雀台在城的西北方。隋唐时期的长安有了进一步细致的统一规划，把城中除去宫城、皇城的所有地方，整齐地划分为一百零八个里坊，每个里坊呈方形或长方形，并各有高大的夯土围墙，坊有四门、十字形大街或两门、一条东西向横街，有许多较窄的小巷与大街相连。城的东部和西部各设一市，筑有墙垣，约长四千米，四向开门。宋代汴梁的道路、建筑也很整齐，据说城内共有一百二十一坊。

上述的城市格局，在古代诗文中都有不少反映。例如班固《西都赋》：

建金城而万雉，呀周池而成渊。披三条之广路，立十二之通门。内则街衢洞达，闾阎且千。九市开场，货别隧分。人不得顾，车不得旋。阗城溢郭，旁流百廛。红尘四合，烟云相连。（金城：形容城墙的坚固。呀：大而空荡的样子。池：护城河。三条广路：长安每面城墙各有三门，每门有大道相通，总计十二门、十二大道。闾：里门。阎：里中门。隧：市场中的路。阗：同填。郭：外城。廛：市场中的房舍。）

又：

周庐千列，徼道绮错。辇路经营，修除飞阁，自未央而连桂宫，北弥明光而亘长乐，凌隥道而超西墉。掍建章而连外属，设壁门之凤阙，上觚棱而棲金爵。（周庐，指设在宫城内四角的房屋，为宿卫官兵所居。徼：巡察。徼道：军队巡逻所走的道路。绮错：像绮文那样纵横交叉。辇路：皇帝车辇所走的路。修：长。除：陛阶。桂宫：汉武帝所建的宫廷群体建筑，在未央宫以北偏西。明光：桂宫内的殿名。隥：同墱。隥道：阁道，架在空中的通道。墉：城。掍：这里指通达。建章：汉武帝在城外西郊建造的宫院，与未央宫隔城相望。凤阙：建章宫东门外之阙。觚棱：阙角上的瓦脊。金爵：金雀，房顶上的铜制鸟形装饰物。）

又如白居易《晚出寻人不遇》："轻衣稳马槐阴下，自要闲行一两坊。"这是说所居相距不远。现在北方把邻居叫街坊，也就是同街同坊之意。唐代设有教坊、作坊。教坊为俳优杂伎教习之所，是音乐歌舞等艺人集居之地。作坊本为给皇室制作用物的手工业工厂。杜甫《陪李金吾花下饮》："醉归应犯夜，可怕李金吾。"诗中虽未涉及城市建筑，但却反映了当时坊街生活的制度。汉代设执金吾，禁止夜行，后代基本沿用。唐代各坊之门入夜紧闭，禁止出入，大道及坊内均有人巡逻查夜，杜甫即就此而与李金吾开玩笑。

3. 庭院

先秦的庭院情况，我们可以从文献对人物活动的描述中体会出来。例如《左传·昭公二十七年》记载吴公子光（即后来的吴王夫差）刺杀吴王僚：

夏四月，光伏甲于堀室而享王。王使甲坐于道，及其门。门、阶、户、席皆王亲也。夹之以铍。羞者献体，改服于门外，执羞者坐行而入，执铍者夹承之，及体，以相授也。（堀室：地下室。甲：甲士。及其门：指从道上一直排列到公子光的门前。铍：剑。羞者：进献饭茶的人。献体：脱光衣服。坐行：跪行。及体：指铍达到羞者的身体。相授：递给王左右的人。）

又《公羊传·宣公五年》载晋灵公派人刺杀赵盾事：

于是使勇士某者往杀之。勇士入其大门，则无人门焉者；入其闺，则无人闺焉者；上其堂，则无人焉；俯而窥其户，〔盾〕方食鱼飧。

这两段记载，准确地勾画出了春秋时代贵族住宅的大体轮廓。

住宅用墙垣围住，垣有门；门内有第二重院落，第二道门较小（《尔雅·释宫》："宫中之门谓之闱，其小者谓之闺。"）；主人起居的建筑中最前面的是堂，堂前有阶，堂后有户，由户通室，室中布席。因而吴王僚的警卫人员所站的位置为道—门—阶—户—席；刺杀赵盾者的行动路线是门—闺—堂—户。

现在我们依次对住宅的这些部位略加叙述。

周代的大门一般是三开间。《说文》："闺，特立户也。"所谓特立即独立，也就是只有一个门。这是与"门，闻也"相对而说的，闺是特立，则门非一间可知。三间中当中一间为明间，为出入之门，左右各一间，类似后代的门房、传达室，叫塾。《尔雅·释宫》："门侧之堂谓之塾。"过去私人聘请教师来家教授子弟叫家塾或私塾，可能即由于最初以塾为教室。门字在这一时期专指大门。《说文》："门，闻也。"段玉裁说："闻者，谓外可闻于内、内可闻于外也。"许慎是以音近的词指出门的功能：门是阻止外人进入的，要进，需要"传达"。《尔雅·释宫》："门谓之闬。"（参阮元说改，闬音崩），得义于防，这是着眼门的防卫作用。有人说闬为庙门，其实最初人之所居与鬼神所居无别，门的名称也不妨相同。《释宫》还说："正门谓之应门。"前人说正门即中间一层门，并无确证，所谓应门，即于该处呼唤，里门应之的意思，与"门，闻也"的用意一样，指出了大门的作用。

门内为庭，即院子。讲究的住宅还要设一道二门，即闺，又叫寝门。《左传·宣公二年》："〔钼麑〕晨往，寝门辟矣。"又《左传·成公十年》："晋侯梦大厉（鬼），被发及地，搏膺（胸）而踊……坏大门，及寝门，而入。公惧，入于室，又坏户。公觉。”可见闺、寝门在大门与居室之间。《左传·宣公十四年》写楚庄王想伐宋，当他听到派往齐国的使者被宋人杀死、有了伐宋的借口后，兴奋得立即起兵：“投袂而起，屦及于窒皇，剑及于寝门之外，车及于蒲胥之市。”（及：指仆从拿着屦、剑、赶着车追上楚庄王。）杜预注：“窒皇，寝门阙。”即由堂至寝门的甬道。

大门与二门之间的院落为外庭、外朝，二门以内的院落为内庭、内朝（后来宫廷建筑复杂了，内外朝又有所指）。文献上的朝或庭一般都是指内庭。

二门以内为主人居住之所，外人（客人或臣下）一进入二门双方就要严格地按“礼”行事。因此闺可指内宅。枚乘《七发》：“今夫贵人之子，必宫居而闺处。”在封建时代女子“大门不出二门不迈”，因此女子所居之地谓之闺阁、闺房，未婚者为闺女。《汉书·谷永传》：“意岂陛下志在闺门，未卹（顾念）政事。”颜师古注：“志在闺门，谓留心于女色也。”

内庭外庭之庭又写作廷，意思是一样的。《左传·定公四年》：“〔申包胥（楚大夫）〕立依于庭墙而哭，日夜不绝声，勺饮不入口，七日。”《史记·伍子胥列传》记载此事作“包胥立于秦廷，昼夜哭，七日七夜不绝其声”。《论语·季氏》：“〔孔子〕尝独立，鲤（孔子的儿子）趋而过庭，〔孔子〕曰：‘学诗乎？’”旧时把父亲对儿子的训诲叫“庭训”即来源于此。

庭是群臣朝见君王的地方，所以君王之庭又叫朝、朝庭。但这个庭都是在闺门以内。《左传·宣公二年》说晋灵公杀了宰夫，“寘诸畚，使妇人载以过朝”，过朝也就是过庭。又《成公八年》：“齐侯使士华免（齐大夫）以戈杀国佐于内宫（夫人之宫）之朝。”《左传·定公三年》：“邾子在门台，临廷，阍（守门人）以瓶水沃廷，邾子望见之，怒。”“不庭”即不朝，也就是对上级不服从、不行臣礼。《左传·成公十二年》：“癸亥，盟于宋西门之外，曰：‘凡晋楚无（勿）相加戎（军事、战争），好恶同之……谋其不协而讨不庭。’”

庭都较大。《史记·张仪列传》：“王虽许公（指犀首），公请毋多车，以车三十乘，可陈之于庭，明言之燕赵。”古代有车必有马（详第四编），三十套车马陈于庭中，庭的面积小了是不行的。

庭中要植树。《周礼·朝士》：“掌建邦（国）外朝（君臣议事之朝）之法。左九棘，孤卿大夫位焉（即站立在那里），群士在其后；右九棘，公侯伯子男位焉，群吏在其后；面（正面）三槐，三公位焉，州长众庶在其后。”棘、槐作为公侯臣吏列位的标志，这在当时是否果真如此还难以断定，但一经礼书上这样写，后代即用棘、槐指朝廷高位。例如《陈书·侯安都传》：“位极三槐，任居四岳。”任昉《桓宣城碑》：“将登槐棘，宏振纲网。”即都以槐、棘喻三公。《南齐书·高帝纪上》：“明日，〔齐〕太祖戎服（穿着军装）出殿庭槐树下，召四贵集议。”这也可证明庭中植槐。但并不是只有宫中之庭才树槐。《左传·宣公二年》写刺杀赵盾的鉏麑被赵盾所感动，不但没有杀赵盾，反而“触槐而死”，可见赵盾的庭中有槐。《宋书·王旦传》：“王旦父祐为尚书兵部侍郎……手植三槐于庭，曰：‘吾之后世必有为三公者，此其所以志也。’”王祐在自己家里种槐而三，也说明起码到南北朝时已经绝对没有在朝庭树三槐九棘的制度了。

君王的庭中还设火炬，叫庭燎。据说天子百燎，公五十，侯伯子男三十（见《大戴礼记》）。《韩诗外传》卷三：“齐桓公设庭燎，为士之欲造见者。”《国语·晋语》：“〔周襄王〕馈九牢（太牢），设庭燎。”可见庭燎不全是为了照明，也是为了接待宾客显得隆重、有气派。《礼记·郊特牲》：“庭燎之百，由齐桓公始也。”则到春秋时周王朝的制度就已打破了。

4. 堂室

从大门走过庭院，就来到居住的主体建筑前。主体建筑由堂、室、房组成，都建在高台上，而且一般都是坐北朝南。

堂在最前面，因此“堂下”就是庭（内庭）。《晏子春秋·内篇问上》：“晏子辞不为臣，退而穷处。堂下生蓼藋，门外生荆棘。”意即来客很少，门里门外一片荒芜。

堂既然建在高台上，所以堂前有阶梯，左右各一，称西阶、东阶。古人在室外尊左，因此西阶是宾客走的。《史记·魏公子列传》：“赵王埽（扫）除（台阶）自迎，执主人之礼，引公子就西阶。公子侧行辞让，从东阶上。”走东阶，即不敢以尊者（宾）自居。阶又叫除、陛。《汉书·梅福传》：“故愿一登文石（有纹饰的石）之陛，涉赤墀（以颜料涂抹在地上）之涂（同途。指庭中的路），当（面对）户牖（窗，详下）之法坐（正坐，这里指皇帝的坐位），尽平生之愚虑。”文陛、赤涂、法坐，全是皇帝所专有；登（升）陛、涉涂，即走到堂上去。古代称皇帝为陛下，就是因为表示谦恭不敢直呼对方而与在阶下伺候的官员、卫士说话。尊者在场，卑者是不能升堂的。

堂有东西两面墙，称做东序、西序；堂的南面没有墙，只有两根柱子，叫东楹、西楹。后代房前的廊子以及现在有些地区前后开门的“堂屋”，即来源于堂。堂既没有南墙，因而敞亮，于是又名堂皇。《汉书·胡建传》：“于是当选士马日，监御史与护军诸校列坐堂皇上。”后人以堂皇为讲武之所，其实是误解。也是因为堂一面无墙，其边沿暴露于外，所以有个专名叫廉。廉必直，所以常用以比喻形容人的正直，说廉正、廉洁。

堂是房屋的主人平时活动、行礼、待客的地方。《史记·范雎蔡泽列传》：“范雎大供具（准备了极丰盛的饮食），尽请诸侯使，与坐堂上，食饮甚设（等于说考究），而坐须贾堂下，置莝（铡碎的草）豆其前，令两黥徒（受过黥刑的人）夹而马食之（像喂马那样让须贾吃）。”诸侯使是客，所以坐堂上；范雎有意侮辱须贾以报前怨，所以坐之堂下。又《史记·平原君列传》写门客毛遂陪同平原君到楚国去订盟约，“日出而言之，日中不决，”于是“毛遂按剑历阶而上”，用威胁的手段逼着楚王订盟，“遂定从（同纵，纵约，战国时东方各国联合抗秦的盟约）于殿上。毛遂左手持槃（同盘）血而右手招十九人（同来者）曰：‘公相与歃此血于堂下。’”此处的“殿上”即堂上，殿最初既不限于帝王所居，也不限于“室”内。又，《孟子·梁惠王上》：“王坐于堂上，有牵牛而过堂下者，王见之，曰：‘牛何之（往）？’曰：‘将以衅（等于说祭）钟。’”齐宣王坐在堂上，就和孔子站在堂上一样，是正常的活动；同样是由于堂无南墙，所以他才能看到牵牛人并与之交谈。

达官贵人的堂都较高。《韩诗外传》卷七：“曾子（名参，孔子弟子）曰：‘……吾尝南游于楚，得尊官焉，堂高九仞（八尺），转毂百乘，犹北向而泣涕者，非为贱也，悲不逮吾亲也。”九仞似乎太高了，但即使除去其中夸张的因素，其堂也很可观。汉代的贾谊曾经打过比方：“人主之尊譬如堂，群臣如陛，众庶如地。故陛九级上，廉远地，则堂高；陛亡（无）级，廉近地，则堂卑。”这个比喻的客观基础也是堂普遍较高。

堂后是室，有户相通。要入室必先登堂，所以《论语·先进》写孔子批评子路鼓瑟的技术不佳、因而同学们对子路不敬，于是孔子又说：“由也（子路名由），升堂矣，未入于室也。”这是用进入室内比喻功夫“到家”。虽未入室，但已升堂，这是说子路的造诣也已差不多了。后代以“升堂入室”表示得到某人学问的要谛、真传，即来源于此。

户为由堂入室的通道，所以孔子说：“谁能出不由户，何莫由斯道也？”（《论语·雍也》）以户与仁道相比，是很恰当的。《说文》："户，护也。"这和"门，闻也"一样，是用声训的方法表明户的作用：户是保护主人不受风寒与盗贼侵袭的。《礼记·礼运》描写理想中的大同世界的情景为"谋闭而不兴，盗窃乱贼而不作，故外户而不闭"。外户即户向外开，闭指插上门栓。由此可知在古代户是向内开，这样才便于闭紧防盗。《韩诗外传》卷十："暮无（不）闭门，寝无闭户。"后代有"夜不闭户"的说法，也说明了"户，护也"的道理。

古代诗文中说到户一般都指房室之门。《论语·阳货》："孺悲（鲁国人）欲见孔子，孔子辞以疾。将命者（传话的人）出户，取瑟而歌，使之闻之。"这是说孔子装病，但又有意让将命者和孺悲知道自己没病，只是不愿见，所以将命者才迈出房门他就唱起来。《木兰诗》："唧唧复唧唧，木兰当户织。"当户即在室内正对房门，此处敞亮便于操作。《孔雀东南飞》："府吏默无声，再拜还入户。举言谓新妇，哽咽不能语"；"府吏再拜还，长叹空房中。作计乃尔立，转头向户里。"两个户，都指焦仲卿夫妇所居之室的门。试对比："往昔初阳岁，谢（辞别）家来贵门"，"出门登车去，落涕百余行"，则门都是院门、街门。古代的室有的还有旁门。《左传·襄公二十五年》："姜（齐国棠邑大夫的寡妻）入于室，与崔子（崔杼，齐大夫）自侧户出。”

室、堂之间还有窗子，即上文提到的牖。户偏东，牖偏西。《论语·雍也》：“伯牛（孔子的弟子）有疾，子问（探视、慰问）之，自牖执其手，曰：‘亡之，命矣夫！斯人也，而有斯疾也！斯人也，而有斯疾也！’”看来伯牛病得不轻，所以孔子这样动情；客人一般不应进入主人之室，所以孔子与伯牛隔窗而语（前人认为伯牛得的是“癞”，不想让孔子看到）。《列子·汤问》：“昌（纪昌，传说中的善射者）以氂（牦牛的毛）悬虱于牖，南面而望之。”牖南向，明亮，所以借以练习目力。室的北墙还有一个窗子，叫向。《说文》：“北出牖也。”《诗经·豳风·七月》：“穹窒（堵塞室壁的孔隙）熏鼠，塞向墐户（用泥把门的漏缝抹住）。”

在堂的北边、室的户与牖之间这块地方有个专名叫扆。《淮南子·汜论训》：“武王崩，成王幼少，周公继文王之业，履天子之籍（等于说位），听天下之政，平夷狄之乱，诛管、蔡（周公的兄、弟）之罪，负扆而朝诸侯。”负扆，即背对着扆，也就是在户、牖之间向南的位置。因此古代即以“南面”（面向南）为称王为帝的代名词。若在户牖之间立屏风，也叫扆或依。《礼记·曲礼下》：“天子当依而立。”《释文》：“扆状如屏风，画为黼文。”孔颖达疏："依状如屏风，以绛为质，高八尺，东西当户牖之间，绣为斧文也。"这恐怕已是按后代的情形进行解释了。扆作为屏风的名称，又称斧扆、斧依。《仪礼·觐礼》："天子设斧依于户牖之间。"张衡《东京赋》："冠通天（通天：冠名），佩玉玺，纡皇组，要干将（要即腰。指佩带着名剑），负斧扆。"

古代的宫室庭院即如上述，我们据此再去阅读古书，就会更准确地理解作者的行文，甚至可以更清楚地看出作者的苦心。例如《左传·庄公八年》写齐国内乱：

〔齐襄公〕队于车，伤足，丧屦。反，诛屦于徒人费。弗得，鞭之见血，〔费〕走出。遇贼于门，〔贼〕劫而束之。费曰："我奚御哉！"袒而示之背。信之。费请先入，伏公而出，斗，死于门中。石之纷如死于阶下。遂入，杀孟阳于床，曰："非君也，不类。"见公之足于户下，遂弑之。（队：坠。丧：丢掉了。诛：责求。徒人：受过刑的人，一般充当奴仆。奚：何。御：抵抗。石之纷如、孟阳都是齐之小臣。类：像。）

作者是按照事情发展的顺序写的，由于确切地点明了几个人被杀的地点，就可以使人想见当时战斗从外向内发展的激烈、迅速。特别是石之纷如死于堂阶之下，说明他是且战且退的；在户下看到公足，这是因为户向里开，齐襄公是立在门后的。

又如《论语·卫灵公》：

> 师冕见。及阶，子曰："阶也。"及席，子曰："席也。"皆坐，子告之曰："某在斯，某在斯。"

师冕是盲人，按照升堂就坐的顺序写在阶、席等关键处，孔子对残疾者的爱护和尊敬便跃然纸上了。

前面我们提到，《左传·庄公二十七年》写刺王僚的一段清楚地指出了卫士排列的顺序；与之相对照的，是《史记·刺客列传》对这件事的记述。司马迁写道："王僚使兵陈（排列），自宫至光之家，门、户、阶陛、左右，皆王僚之亲戚也。"先户而后阶陛，颠倒了次序，显然不如《左传》"实录"的准确。

5. 其他建筑

陕西岐山县凤雏村曾出土了一个西周初年的建筑遗址，这是一个相当严整的两进四合院式的建筑。这个遗址既可以证实古代文献上的一些记载，又可以看出，当时的建筑并非像儒家经典上所规定的那样死板。

这个遗址与记载不同之处有：除庭院外，所有建筑物都建在台上；堂前有三阶而非两阶；堂上楹柱达到十根而非两根，而且立在屋顶下而并非在堂边；堂与室并不由户、牖相通，而是以廊相连，廊的左右形成第二进的两个小庭院，面对着室的门也有阶。

遗址中的有些部分与记载相合。例如大门外有影壁，大门旁有塾，庭院的左右有廊庑（很像后代的厢房），等等。

门外的影壁古代叫屏，叫树，又叫萧墙。《荀子·大略》："天子外屏，诸侯内屏，礼也。外屏，不欲见外也；内屏，不欲见内也。"《尔雅·释宫》："屏谓之树。"《礼记·郊特牲》："台门而旅树（旅：指道路。旅树：以屏从旁挡在道路与门之间）……大夫之僭（非法地超越）礼也。"从凤雏村遗址看，内屏、外屏之说不可信。《论语·季氏》写鲁国的掌权大夫季氏要伐鲁的属国颛臾，孔子说："吾恐季孙之忧不在颛臾，而在萧墙之内也。"萧墙以内即住宅本体，这是孔子看到了季氏的家臣阳货已经把持了季氏的家政，暗示臣将危主，家起内乱。后代称家族内讧为萧墙之祸，即本此。

古代也有房。现在房、室无别，在古代可不是一回事。《说文》："房，室在旁也。"段玉裁说："凡堂之内，中为正室，左右为房，所谓东房、西房也。"《尚书·顾命》："胤（国名）之舞衣、大贝、鼖（大军鼓）鼓在西房；兑之戈、和之弓、垂之竹矢（兑、和、垂：古代的巧匠）在东房。"东房、西房，很像后代一明两暗的房子中的东套间、西套间。《吕氏春秋·报更》："晋灵公欲杀宣孟（赵盾），伏士于房中以待之。"伏于旁室才不会被赵盾发觉。《左传·宣公十七年》："晋侯使郤克征会于齐，齐顷公帷（用帷幔遮住）妇人使观之。郤子登，妇人笑于房。献子（即郤克）怒，出曰：'所不此报，无能涉河。'"郤克足跛，登堂时必不方便，所以妇人笑；郤克与齐侯相会妇人不应在侧，所以笑于房，既能看热闹，而笑声郤克也能听到。《左传·襄公十年》："宋公享晋侯于楚丘，请以桑林（天子之乐）……舞师题以旌夏（用大旗标志舞者行列），晋侯惧而退，入于房。去旌，卒享而还。及著雍（晋地名），疾。"晋侯大约由于身体虚弱而易惊，入房则不见旌夏。《汉书·晁错传》："先为〔移民〕筑室，家有一堂二内，门、户之闭。"张晏注："二内，二房也。"这个"房"，可能已经是简化了的住宅的内室，类似现在一明两暗的暗间、套间。

古代住宅中还有"箱"。《汉书·晁错传》："上（汉景帝）问曰：‘计安出？’〔袁〕盎对曰：‘愿屏（避开）左右。’上屏人（指让人离开），独错在。盎曰：‘臣所言，人臣不得知。’乃屏错。错趋避东箱，甚恨。”又《东方朔传》：“〔馆陶公主〕起之（往）东箱，自引董君（董偃）。”又《周昌传》：“吕后侧耳于东箱听。”对于什么是箱，历来说法不一。有人说堂东西侧序外还建有一道墙，形成个狭窄的空间，当中隔开，北半部（与房为一墙之隔）叫东夹西夹，南半部叫东堂西堂，也叫东箱西箱（《仪礼》郑玄注）。有人说“正寝（君王办公的地方，等于说正室）之东西室皆曰箱，言似箱箧之形”（《汉书》颜师古注）。“殿东西次为箱”（《东京赋》薛综注）。而凤雏村出土的遗址中堂边根本没有小堂，庭院之东西反有廊庑，近似后代的厢房（厢同箱）。考察上边所引的《汉书》的几个例子，从《周昌传》看，应是东西序旁的小堂，从《晁错传》、《东方朔传》看，应是庭东西两侧的房屋。对这个问题我们暂时可以不去深究，只要知道不是庭院中的主要处所，距离堂室不远就可以了。至于像《南齐书·东昏侯传》上说的“乾和殿西厢火”，恐怕就与现在所说的厢房无别了。

现在说说廊庑。上边已经提到，廊庑即庭院两侧建的房子（庭院南边有门，北边有堂，所以只剩下东西两侧）。廊与庑为同义词，古代都解为“堂下周（四周的）屋”。《史记·魏其武安侯列传》：“乃拜〔灌〕婴为大将军，赐金千斤……所赐金，〔婴〕陈之廊庑下，军吏过，辄令财（裁）取为用。”因为古代君王的前堂（前殿）也叫庙，所以廊庙连称以指朝廷。如《史记·货殖列传》：“由此观之，贤人深谋于廊庙，论议朝廷；守信死节隐居岩穴之士设为名高者安归乎？”

6. 室内

室有四角，古称角为隅。《礼记·檀弓上》：“曾子寝疾，病（病重了）。乐正子春（曾子的弟子）坐于床下，曾元、曾参（曾子的儿子）坐于足，童子隅坐而执烛。”童子不能与成人并坐，所以坐在角落里。《论语·述而》：“举一隅不以三隅反，则不复也。”意思是给他讲室的一角而对方不能联想类推另三个角，就不再重复指点了：这个人的智力和学习的积极性有问题。室角必须九十度，所以“廉隅”连言表示正直不阿。

室内四角都有专名。《尔雅·释宫》：“西南隅谓之奥，西北隅谓之屋漏，东北隅谓之宧，东南隅谓之窔。”奥与窔都有幽深、黑暗的意思。阳光自户、牖入室，室内自然是北边亮南边暗，所以南边两角以奥、窔为名。对屋漏与宧这两个名字的来源历来说法很多，大多附会礼制，难以自圆其说。估计与原始社会的住室情况有关，还有待于研究。

四隅中以奥为最尊。所以《礼记·曲礼上》说："夫为人子者（即父母还在的男人）居不主奥。"奥是室内的主要祭祀之所。古人迷信，又是泛神论，单说居室中所要祭的神就有户、霤、门、灶等。在奥祭就是总祭上述诸神。《论语·八佾》："王孙贾（卫大夫）问曰：'"与其媚于奥，宁媚于灶"，何谓也？'子曰：'不然。获罪于天，无所祷矣。'"王孙贾所引的大概是当时的俗语，其意思是在奥对神集体总祭，可是却没有奥神，祭的对象是抽象的；灶有灶神，在灶前祭则是具体的，可以致人祸福，因此应该祭此舍彼。这话颇有点"县官不如现管"的味道，因此被拘执于礼义原则的孔子所否定。

灶一般在屋子的中央，这样既便于使室内四面的温度均匀，同时进火口对着户、牖可以保证烧火所需的自然气流，而进入室内的冷空气也立即得到加热。在照明困难的时代，灶火也是夜晚光亮的主要来源。《韩非子·内储说上》："夫灶，一人炀（烤火）焉，则后人（后面的人）无从见矣。"这是因为炀者挡住了火亮。《列子·黄帝》："其（指杨朱）

往也，舍（客舍主人）迎将家，公（男主人）执席，妻执巾栉（梳子），舍者（同住的人）避席，炀者避灶。其反也，舍者与之争灶、席矣。”避灶是因为有新客人到来需要亮光，也需要取取暖。

（二）陈设和起居

1. 室内陈设

南北朝以前没有桌椅凳，而是坐在地上。坐时在地上铺张席子，所以说“席地而坐”。睡觉也在席子上面，所以又有“寝不安席”、“择席之病”的说法。稍讲究一点的，坐时在大席子上再铺一张小席，谓之重席。《左传·襄公二十三年》：“季氏饮大夫酒，臧纥为客（上宾）。既献（主敬客酒），臧孙命北面（面向北的位置）重席，新樽絜（洁）之，召悼子（季氏将立为嫡子者），降（下堂）逆之，大夫皆起。”此处为悼子设重席，就是要为他设特别的座位，突出他的重要。对于君侯贵族来说只铺一张席子就算俭朴的了。《左传·哀公元年》：“昔阖庐食不二味，居不重席。”《世说新语·德行》：“王恭从会稽还，王大（名忱）看之，见其坐六尺簟（竹席），因语恭：‘卿东来，故应有此物，可以一领及我。’恭无言，大去后，即举所坐者送之。既无余席，便坐荐（草垫子）上。”但是贫苦人，包括下级士卒却是没有席子的。《史记·孙子列传》：“起之为将，与士卒最下者同衣食，卧不设席，行不骑乘，亲裹赢粮，与士卒分劳苦。”不设席是同甘苦的内容之一，可见士卒之最下者行军打仗就睡在地上。

竹席最初叫箦。《礼记·檀弓上》写曾子病重，“童子曰：‘华而睆（上漆），大夫之箦与？’”意思是曾子临死睡这样华美的竹席是违背礼的。《史记·范雎蔡泽列传》：“雎佯死，即卷以箦，置厕中。”这和后代以席裹卷尸体草草埋葬是一样的。

《晏子春秋·内篇谏下》有这样一个故事：“〔齐〕景公猎，休，坐地而食。晏子后至，左右灭葭而席（拨倒芦苇权且当席）。公不说，曰：‘寡人不席而坐地，二三子（指随行的大臣）莫席，而子独搴草而坐之，何也？’晏子对曰：‘臣闻介胄坐陈（阵）不席，狱讼不席，尸在堂上不席（尸：代表死者受祭的人。这句是说在丧事期间不席）。三者皆忧也。故不敢以忧侍坐。’”这个故事告诉我们，对于贵族们说来，铺席才是正常的，该铺席而不铺则是非礼的。

下面就是晏婴所说的“不席”的几种情况。

《左传·文公十二年》：“秦军掩晋上军，赵穿追之不及，反，怒曰：‘裹粮坐甲，固敌是求。敌至不击，将何俟焉！’”坐甲，即把甲放在地上坐。这是“坐陈不席”。《左传·襄公十年》：“王叔陈生与伯舆（二人是周王卿士）争政……王叔之宰（家臣）与伯舆之大夫瑕禽坐狱（打官司）于王庭，士匄（晋大夫）听之。”坐于周王庭中，也是没有席的。这是“狱讼不席”。《公羊传·昭公二十五年》：“昭公于是噭（哭的声音）然而哭，诸大夫皆哭。既哭，以人为菑（墙垣），以幦（车轼上的覆盖物）为席，以鞍为几，以遇礼（诸侯相遇之礼）相见。”鲁昭公此时被逐流亡到齐，虽非“尸在堂”，但也是“忧”事，所以不设席；但诸侯相见于路不应直接坐在地上，于是以幦为席。办法折中，两全其美。

古代还在堂上室内设帷幕。帷与幕有别。《说文》：“在旁曰帷”，“帷在上曰幕”。上文提到《左传·宣公七年》所载齐顷公“帷妇人”以观郤克事，即于房室中张帷。堂上也可以张帷，但最初一般是丧礼的需要。《仪礼·士丧礼》：“奠脯、醢、醴、酒，升自阼阶，奠于尸东，帷堂。”这是对士刚刚死去时的规定。这时死者尚未穿衣（寿衣），用帷遮住，准备迎接宾客的吊唁。《左传·文公十五年》：“〔鲁大夫公孙敖卒〕声己（公孙敖之妻）不视，帷堂而哭。”《礼记·檀弓下》说到这件事时说：“帷殡（停柩），非古也，自敬姜（即声己）之哭穆伯始也。”据说声己怨恨丈夫抛掉自己而与莒国之女结合，因此穆伯已经入殓应该撤帷了，声己还隔帷而哭，意思是不想看到穆伯。在实际生活中其实并非全按“礼”行事，如果需要，堂上也随时可以施帷。《吕氏春秋·首时》：“伍子胥欲见吴王而不得，客有言之于王子光者，见之，而恶其貌，不听其说而辞之。客请之王子光，王子光曰：‘其貌适吾所甚恶也。’客以闻伍子胥，伍子胥曰：‘此易故（事）也。愿令王子居于堂上，重帷见其衣若（与）手，请因说之。’王子许。伍子胥说之半，王子光举帷搏（拍）其手而与之坐。”《史记·范雎蔡泽列传》：“〔须贾〕乃肉袒膝行，因门下人谢罪。于是范雎盛帷帐，侍者甚众，见之。”范雎帷帐也应该是设在堂上的。

古代室内设几。几为长方形，不高，类似现在北方的炕桌或小茶几。但作用却与炕桌等不同，主要是为坐时凭倚以稍休息。《诗经·大雅·公列》：“俾筵俾几，既登乃依。”意思是让人给宾客铺设好席、几，客人们登上了筵席，靠在几上。

古人在一般情况下是不倚几的。《左传·昭公五年》：“〔圣王〕设机（同几）而不倚，爵盈而不饮。”这本是说诸侯间相聘问时应该“正襟危坐”，否则就是不“礼”。其实平时亲友相见也是一样的，对客坐而倚几，是一种不严肃、懒散的表现，因而也为礼所不许。《孟子·公孙丑下》：“孟子去齐，宿于昼。有欲为王（齐宣王）留行者，坐而言，不应，隐（倚）几而卧。客不悦，曰：‘弟子齐宿（恭敬）而后敢言，夫子卧而不听，请勿复敢见矣。’”《庄子·齐物论》：“南郭子綦隐机而坐，仰天而嘘，答焉（身体像散了架子）似丧其耦（同偶）。颜成子游立侍乎前，曰：‘何居乎？形固可使如槁木，而心固可使如死灰乎？’”南郭子綦此时是把主客观都忘掉了，而其形体与懒散无异，所以隐几。对于上了年纪的人来说隐几则是理所当然的。《礼记·曲礼上》：“谋于长者，必操几杖以从之。”帝王赐人以几则表示敬老。《陈书·王冲传》：“文帝即位，益加尊重〔王冲〕。〔冲〕尝从文帝幸司空徐度宅，宴筵之上赐以几。其见重如此。”但从三国时代起，桌案之类开始多起来，几已不多见。《三国志·毛玠传》：“初，太祖（曹操）平聊城，班（同颁，分赏）所获品物，特以素屏风、素冯（倚）几赐玠，曰：‘君有古人之风，故赐君古人之服。’”即称古，说明非当时通行之物。

古代室内有床，但与现代的床不同，较矮，较小，主要是供人坐的。《史记·郦生列传》："郦生至，入谒，沛公方倨床使两女子洗足而见郦生。"但床偶尔也当卧具，特别是不在房子里住宿时。《左传·宣公十五年》："宋人惧，使华元（宋大夫）夜入楚师，登子反（楚帅）之床，起之。"既是"起之"，可知原先是卧于床的。大约到南北朝时期床即已是坐卧两用了。《世说新语·德行》："晋简文为抚军时，所坐床上尘不见拂，见鼠行迹，视以为佳。"这是"坐床"。又："〔王〕祥尝在别床眠，母自往闇（同暗）斫之。"这是"卧床"。《南齐书·褚渊传》："有一伧父（等于说穷老头）冷病积年，重茵累褥，床下设炉火，犹不差（指冷觉稍缓）。"上有褥，下有火，可见也是卧具。又《王玄载传》："世祖时在大床寝，〔王〕瞻谓豫章王曰：'帐中物（指齐世祖）亦复随人起兴。'世祖衔（心中恼恨）之，未尝形色。"床而大，并支帐，这已经是寝卧专用的床了。

从东汉末年起出现了一种"胡床"，大约是北方游牧民族为迁徙方便而创制的，中原地区在民族交往中引进，因为跟中原所习用的床有同有异，所以加胡字以示区别。胡床的床面系用绳带交叉贯穿而成，可以折起，类似今天的马扎，所以又称绳床、校（交）椅。《世说新语·容止》："俄而〔庾亮〕率左右十许人步来，诸贤欲起避之，公徐云：'诸君少住，老子于此处（指咏诗）兴复不浅。’因便据胡床与诸人咏谑。”因为胡床轻巧便于搬动，所以常常移至室外使用。后来的木质交椅，今之折叠椅、凳，即由胡床发展而来。

古书上还常提到榻。榻跟床差不多，可坐，可卧。《三国志·管宁传》注引《高士传》：“管宁自越海及归，常坐一木榻，积五十余年未尝箕股（即箕踞，详下），其榻上当膝处皆穿。”这是“坐榻”。由此也可知在床或榻上坐时与席地而坐一样，还是“跪坐”。《三国志·简雍传》：“〔简雍〕性简傲跌宕。在先主（刘备）坐席犹箕踞（一种不严肃的坐法，详下）倾倚，威仪不肃，自纵适。自诸葛亮已下，则独擅一榻，项枕卧语，无所为屈。”这是以榻为卧具。

2. 起居习惯

我们曾经多次谈到古人是席地而坐的。坐的姿势又是怎样的呢？

古人坐时两膝着地，两脚的脚背朝下，臀部落在脚踵上。现在朝鲜、日本还保留着这种坐法。因膝盖着地（或坐具），所以管宁的木榻“当膝处皆穿”。如果将臀部抬起，上身挺直，就叫长跪，又叫跽。这是将要站起身的准备姿势，也是对别人尊敬的表示。《史记·项羽本纪》：“〔樊〕

哙遂入，披帷西乡（向）立，瞋目视项王，头发上指，目眦（眼眶）尽裂。项王按剑而跽，曰：‘客何为者？’”樊哙突然闯进而又怒容满面，使得项羽一惊，“按剑”与“跽”是同时产生的下意识准备起身自卫的动作。又《范睢蔡泽列传》：“秦王屏左右，宫中虚无人。秦王跽而请曰：‘先生何以幸教寡人？’”又《孟尝君列传》：“秦王跽而问之（冯驩）曰：‘何以使秦无为雌而可？’”这都是为要请教对方、对对方表示敬意而跽。跽之所以又叫长跪，是因为上身耸起，身子便长了。《史记·留侯世家》：“良尝闲从容步游下邳圯（桥）上，有一老父，衣褐，至良所，直堕其履圯下，顾谓良曰：‘孺子，下取履！’良鄂（同愕）然，欲殴之。为其老，强忍，下取履。父曰：‘履我！’良业（已经）为取履，因长跪履之。”张良的表现是好的，不仅“履之”，而且“长跪”，所以老人说“孺子可教”，并把《太公兵书》传给他。古乐府《饮马长城窟行》：“长跪读素书，书中竟何如？”这个长跪，则是妻子怀念久征在外的丈夫，一旦丈夫来信，不禁惊喜得直起了身。有时，古书中并没有明言怎么坐着，但从人物的动作中还是可以体会得出他的姿势的。例如《论语·先进》写孔子向弟子们询问其各自的志向，当问到曾皙（字点）时，“鼓瑟希（稀），铿尔，舍瑟而作”。

要鼓瑟，必须“坐”；瑟本来倚在大腿上（如朝鲜弹奏古琴犹如是），舍瑟，瑟落，所以“铿尔”有声；舍瑟是为了“作”，作即起，也就是长跪，这是学生回答老师的问题时所必须的。

古人还有一种“不规矩”的坐法，叫箕踞，或单称箕或踞。其姿势为两腿平伸，上身与腿成直角，形似簸箕。有他人在而箕踞是对对方的极不尊重。《田叔列传》：“赵王张敖自持案进食，礼恭甚，高祖箕踞骂之。”荆轲先被秦王（即秦始皇）“断其左股”而“废”（站不起来），然后又身“被八创”，“箕踞”是他就势而坐的结果，而其效果则是对对方的轻蔑。刘邦经常箕踞骂人，却是有意如此。《礼记·曲礼上》规定：“坐毋箕。”这是符合当时社会的风俗和习惯的。《韩诗外传》卷九：“孟子妻独居，踞。孟子入户视之，白其母曰：‘妇无礼，去之（等于说休了她）。’母曰：‘何也？’曰：‘踞。’”由这个故事可以看出坐的姿势正确与否的严重性。但是如果不是有意凌人傲物，那么箕踞就是不拘小节的表现。《世说新语·任诞》：“卫君长（卫永）为温公（名峤）长史，温公甚善之。每率尔提酒脯就卫，箕踞相对弥日。卫往温许（处）亦尔。”在礼教甚严的时代，这二人的行为实际上带有一点反抗性，在一定的场合还会受到称赞。

坐在席上也还有些讲究。《礼记·曲礼上》："为人子者……坐不中席。"据说一张席子，独坐时以中为尊，既为人子，即使独坐也只能靠边。又："群居五人则长者必异席。"一张席子只能坐四人，四人中的尊者应居席端（合坐以端为上），多了一个人，不能尊卑挤在一起，于是请其中的尊者到另一张席上去独坐（当然，坐时要居中）。

已经坐在席上，如果有尊者进来或离席走到跟前来，就用"避席"的办法自表谦卑，而且要伏地。《史记·魏其武安侯列传》："饮酒酣，武安起为寿，坐皆避席伏。已，魏其侯为寿，独故人避席耳，余半膝席。"避席伏即离开席子在地面上伏，膝席则原地不动以膝着地，也就是长跪，虽然也是表示敬重，但其程度差多了，所以引得魏其侯的好友灌夫恼怒。避席又叫违席。《晏子春秋·内篇杂上》："〔齐〕景公有爱女，请嫁于晏子……晏子违席而对曰：'……君虽有赐，可以使婴倍（同背）其托（指其妻托身于晏婴）乎？'再拜而辞。"

席子在室堂中要放正，即席的四边要与室堂的边、壁平行。《论语·乡党》："席不正，不坐。"《晏子春秋·内篇杂上》："燕之游士有泯子午者，南见晏子于齐……客退，晏子直席而坐，废朝移时。"直席也就是正席，表示心情的郑重严肃。

尊者在堂则卑者在庭。宾客是受尊重的，所以凡以宾主之礼相待的上堂，而宾客的从者也须站在庭中。《韩诗外传》卷五：“楚成王读书于殿上，而轮扁在下。”轮扁是匠人，自然不得升堂。《左传·宣公二年》：“晋侯（晋灵公）饮赵盾酒，伏甲将攻之。其右提弥明知之，趋登，曰：‘臣侍君宴，过三爵，非礼也。’遂扶以下。”提弥明“登”而后扶走赵盾，因为开始他是按礼的要求站在堂下的；他“趋”而登，是合乎礼的（参见第四编）；搀走赵盾的借口也是臣侍君宴的礼。提弥明在这一瞬间的活动，只有擅自登堂不合乎礼，但这是应付突然事变的需要。又《成公三年》：“晋侯享齐侯。齐侯视韩厥（晋大夫），韩厥曰：‘君知（指认识）厥也乎？’齐侯曰：‘服改矣。’韩厥登，举爵曰：‘臣之不敢爱死，为两君之在此堂也。’”既言“登”，则本在下。无君命而登，这是越礼的。这是因为在前一年的鞌之战中韩厥差点亲手俘虏了齐侯，他在这里说的话已是胜利者的姿态，是有意对齐侯不敬。前面曾经提到毛遂跟着赵国公子平原君赴楚签订纵约的事，在毛遂“按剑历阶而上”后，楚王曾叱道：“胡（何）不下！吾乃与而（你）君言，汝何为者也！”这也是因为毛遂不该登堂。即使不是君臣、上下的关系，在堂上与堂下也是有很大区别的。

古人在室内很讲究坐次。因为奥在四隅中最尊，所以在室内以坐西向东的位置为最尊，其次是坐北向南，再次是坐南向北，坐东向西的位置最卑。《礼记·曲礼上》：“席南乡（向）北乡，以西方为上；东乡西乡，以南方为上。”这是就几个人同一张席上而言的，但与上述的室内摆席的尊卑次第相合。《史记·项羽本纪》中“鸿门宴”的坐法就是一幅完整的清清楚楚的位次图：“项王即日因留沛公与饮。项王、项伯东乡坐，亚父南乡坐——亚父者，范增也，张良西乡侍。”这个宴会是在军帐中举行的，其排列方法一如室内。项羽自坐东向，是其自尊自大的表现；范增虽是谋士，却号称亚父，因此南向，司马迁偏偏在这里加上对“亚父”一词的注解，也有说明他何以南向坐的意思；刘邦北向，说明项羽根本没把他当成客人平等地对待，其地位还不如项羽手下的谋士；张良的地位更低，当然只能西向，而且要加一“侍”字。樊哙后来进入帷帐，因为他只是个车右，所以连个座位也没有，只能随着张良在最卑的位置，而且站着，给他酒，也只能“立而饮之”。在这个席面上项伯最不好安排。他是项羽的叔叔，在家里他尊，在军中则侄儿尊，只好稍加权变，与项羽同坐东向。按照上述的席“东乡西乡南方为上”的原则，此时项羽应该坐在那张席的右端，也就是奥之所在，项伯坐在左端，也就是靠近范增的位置。

我们试按照“鸿门宴”的位次去验之文献，都是相符的。例如《史记·魏其武安侯列传》：“〔武安侯〕尝召客饮，坐其兄盖侯南乡，自坐东乡，以为汉相尊，不可以兄故（缘故）桡（曲，指不守规矩）。”看来田蚡对其兄长的胸怀还不如项羽。又《南越列传》：“〔南越〕王、王太后亦恐〔吕〕嘉（南越国相）等先事发（指叛乱），乃置酒，介汉使者权谋诛嘉等。使者皆东向，太后南乡，王北向，相嘉、大臣皆西向侍，坐饮。”这是把最尊的位置给了汉使，让一向独持国柄的吕嘉坐在卑位，多少带点羞辱的意思。又《淮阴侯列传》：“于是有缚广武君而致戏（同麾）下者，〔韩〕信乃解其缚，东乡坐，西乡对，师事之。”与此相反，《绛侯周勃列传》：“勃不好文学，每召诸生说士（游说之士），东乡坐而责之：‘趣（同促。等于说快点）为我语！’”则周勃是以长者、尊者、教训者自居了。

古人所立的一些规矩，一经被儒家吸收并被写进经典，便都神秘化了。其实如果联系古人生活的环境、条件来考察，其中不少都是生活中的必然现象，是合理的。例如《礼记·曲礼上》规定：“将上堂，声必扬；户外有二屦，言闻则入，言不闻则不入。”“侍坐于长者，屦不上于堂。”上堂之前必先扬声者，是让室内的人有所准备，如果有人在私语，可以不被碰见。户外有二屦言闻乃入，道理是一样的，听得到室内的谈话声，说明室内二人没有谈机密事，便可以进去，否则便有窃听之嫌，弄得双方尴尬。屦不上堂也是对的。孔颖达正义：“长者在堂而侍者屦贱，故脱于阶下，不著上堂；若长者在室则侍者得著屦上堂，而不得入室。”其实屦不上堂、入室，并不在于鞋的高贵与卑贱。鞋上带着泥土，会使堂室地面不洁，人们席地而坐，衣服也会弄脏；再说堂上室内坐着许多人，身边放着一堆鞋，总是不雅。正因为如此，所以在起居条件没有彻底改变时，这个规矩一直被严格遵守。在第一编中我们曾经提到《史记·萧相国世家》所记载的刘邦特准萧何“带剑、履上殿”事，这也说明在通常情况下是不能穿鞋上殿堂的。这种特赐的条例为后代帝王所沿用，如《资治通鉴》卷一八五：“春，丁未朔，隋恭帝诏唐王剑履上殿，赞拜不名（向皇帝行礼时不自称名）。”这同样也说明直至隋唐大臣上殿还是要脱屦的。

（三）观阙园林

古代君王的宫廷本与一般住宅没有本质的差别，随着生产水平的提高，二者的距离越来越大，最后不下于天地之别。至于整体的布置格局，则始终相去不远。作为宫廷所特有，可以说成为帝王居处标志的，有观阙、台、囿等。

观阙是宫廷大门外的两个高大建筑物。叫阙，是因为它一左一右夹住宫廷的出入口，就像缺（阙）了一块一样。阙又名魏、象魏。魏的本义为高、大，与后来的巍字同义。显然，称阙为魏即取义于高大。象是法的意思，这是因为魏阙的功用之一为公布法令、告示。魏阙气势雄伟，又便于站在上面瞭望守卫，所以又叫观。《左传·庄公二十一年》："郑伯享王于阙西辟（西偏，西侧）。"《公羊传·昭公二十五年》："设两观，乘大辂（车名）……此天子之礼也。"《吕氏春秋·审为》："身在江海之上，心居乎魏阙之下。"高诱注："魏阙，象魏也。悬教象之法，浃日（十天）而收之。魏魏（巍巍）高大，故言魏阙。"沈约《上建阙表》："宣诏匠人，建兹象阙。"

因为阙为最高统治者所专有，所以一说到阙，比如诣阙、阙下、恋阙等，阙都指朝廷或皇帝。例如《汉书·朱买臣传》："买臣随上计吏（到京城报账的财务人员）为卒，将重车至长安，诣阙上书。"韩愈《次邓州界》："潮阳南去倍长沙，恋阙那堪又忆家。"至于岳飞在《满江红》所写"待从头收拾旧山河，朝天阙"，不过是在阙字加上一个天字以示忠肃，其实"天"与"阙"意思多少有点重复了。

观字还有另外一个意思，即宫廷中独立的宫殿。《史记·廉颇蔺相如列传》："今臣至，大王见臣列观。"列观是一般的殿堂。汉代有名的白虎观、东观，也都是殿堂。《后汉书·章帝纪》："于是下（指诏书下达）太常将大夫、博士、议郎、郎官及诸生诸儒，会白虎观讲议五经同异。"又《安帝纪》："诏谒者刘珍及五经博士校定东观五经、诸子传记、百家艺术，整齐脱误、是正文字。"殿堂之称观，也是由于它高大便于观览。《资治通鉴》卷一九四："上（唐太宗）念后不已，于苑中作层观，以望昭陵。"

历代帝王还喜欢筑高台。台均为土石堆积而成。《尔雅·释宫》："四方而高曰台。"《说文》："观四方而高者。"《说文》的解释比《尔雅》多一个观字，意思是观与台同类，当中留有缺口就是观，没有缺口就是台。《淮南子·本经训》："崇台榭之隆。"高诱注："积土高丈曰台。"有人据此认为“台之高不过一丈”（郝懿行《尔雅义疏》），其实是误读了高诱注，他的本意是：积土高到一丈就叫台，一丈只是起码的高度。这是有大量文献可以证明的。例如，《韩诗外传》卷八：“齐景公使使于楚，楚王与之上九重之台，顾使者曰：‘齐亦有台若此者乎？’”《晏子春秋·内篇谏下》：“景公登路寝之台，不能终（爬到顶），而息于陛，忿然作色，不悦，曰：‘孰为高台，病人之甚也？’”九重、“不能终”，绝不会只有一丈；楚王向齐使炫耀的，也不可能是一丈之台。《韩诗外传》说台有九重，大致可信，别的书上也曾提到，如《老子》：“九层之台，起于累土。”当然“九”不见得就是实数，不过言其层数之多而已。台高而有多层，并不是一溜漫坡地堆上去，既是为了美观，也是为了便于施工和攀登观览。

据说最初建台是为了“望氛祥”（从云气中看出吉凶）、“讲军实”（练武和检阅军队）。《史记·孙子列传》提到吴王阖闾曾从台上观看孙武按军法训练宫女，虽然这已带上游戏的色彩，但从中不难窥到台在初期的修建目的。但在其他提到台的诗文中却很少有提到观氛讲武的。实际上台一向是统治者游乐嬉戏、为非作歹的场所。例如《左传·宣公二年》说晋灵公“从台上弹人而观其辟丸”。曹操一生是比较俭朴的，但在邺城先作铜雀台，后又作金虎台、冰井台，以架空的复道相通，台上建楼阁，至其临终，遗言云："吾婢妾与伎人皆勤苦，使着（指定居）铜雀台，善待之。于台堂上安六尺床，施繐帐，朝晡上脯糒之属，月旦（初一）、十五日，自朝至午，辄向帐中作伎乐。"死后的种种祭事常常是仿照生前的生活状况，曹操死后需伎妾作乐，则其生前情形推而可知。

建台的工程量往往很大。例如吴王"起姑苏之台，三年聚材，五年乃成，高见二百里"。这样的高台都是百姓的无代价劳动完成的，因而给人民带来极重的负担和痛苦。据说齐景公筑台，"岁寒不已，冻馁之者多有焉"；而姑苏之台所带来的后果是"行路之人道死巷哭，不绝嗟嘻之声"（见《晏子春秋》、《吴越春秋》）。《史记·文帝本纪》载，汉文帝"尝欲作露台，召匠计之，直百金"，他觉得花钱太多，于是打消了筑台的念头。像汉文帝这样的最高统治者在封建社会是不多见的。

台顶上的建筑物叫榭。这是一种木结构的建筑物，只有柱、顶而没有墙壁，很像后代的亭子。榭可以建成多种样式，如《东京赋》："谚（汉宫门名）门曲榭，邪阻城洫。"《楚辞·招魂》："层台累榭临高山些。"曲榭是沿着城墙与护城河的走向而建的曲折形榭；累榭即多层的榭。

因为榭通常建在台上，所以台榭常常连言。如《左传·哀公元年》："夫差次（临时驻扎）有台榭陂池焉，宿有妃嫱嫔御焉。"刘禹锡《杨柳枝词》："轻盈嫋娜占年华，舞榭妆台处处遮。"有时只说台，不言榭，其实台上也有榭。如《汉书·武帝纪》："〔元鼎二年〕春，起柏梁台。""太初元年十一月乙酉，柏梁台灾（遭火灾）。"服虔说："用百头梁作台。"颜师古说："《三辅旧事》云：'以香柏为之。'"不管柏梁台到底是怎样得名的，既然"灾"则必有木质建筑，其中包括榭。

上古时君侯都有苑囿。《说文》："苑，所以养禽兽也。"段玉裁注："古谓之囿，汉谓之苑也。"《孟子·梁惠王下》："齐宣王问曰：'文王之囿方七十里，有诸？'孟子对曰：'于传有之。'"实际上秦代以前的苑囿都是天然动物园，不过是统治者所专用的游猎玩乐之所，平民是不得入内的。

至秦，在渭水之南作上林苑，苑中建造许多离宫。汉武帝把上林苑进一步扩大。这时苑虽然还是天然饲养场，但已有不少人工成分。汉武帝时造建章宫，宫内挖太液池，池中堆山，正式开创了我国模仿自然的人工园林历史。从此，历代帝王将相豪绅巨富竞相构筑园林，夸富斗奇，名园迭出。这一方面迅速地发展了我国的园林艺术，但同时也使历代劳动人民加重了盘剥之苦。例如《汉书·梁冀传》：

> 又广开园囿，采土筑山，十里九阪（坡）以象二殽（山名），深林绝涧，有若自然，奇禽驯兽，飞走其间。冀、寿（冀之妻）共乘辇车，张羽盖，饰以金银，游观第（宅第）内，多从倡伎，鸣钟吹管，酣讴竟路，或继日夜，以骋娱恣。

而梁冀其人，则“四方调发，岁时贡献，皆先输（运送）上第于冀，乘舆（皇室）其次焉。吏人赍货求官请罪者道路相望。冀又遣客出塞，交通外国，广求异物，因行道路，发取伎女御者，而使人复乘势横暴，妻略妇女，殴击吏卒，所在怨毒”。其园林为民脂民膏筑成，显而易见。又如《洛阳伽蓝记》卷二载北魏大司农张伦的园林：

> 〔张〕伦最为豪侈，斋宇光丽，服玩精奇，车马出入，逾于邦（国）君。园林山池之美，诸王莫及。伦造景阳山，有若自然。其中重岩复岭，嵚崟（高山）相属；深蹊（溪）洞壑，逦逶连接。高林巨树，足使日月蔽

亏；悬葛垂萝，能令风烟出入。崎岖石路，似壅而通；峥嵘涧道，盘行复直。

经过南北朝的动乱，汉魏以来名园毁荡无遗。至隋、唐，园林发展更盛；继之，宋、元、明、清，造园之风几起几落，园林的盛衰无不是社会安定与动乱、国力强盛与衰弱的反映。

第四编　车马与交通

我国古代陆行的主要工具是车马，水行的主要工具是木质的舟船。

车船最早出现于何时已无可考。根据文献的记载和地下挖掘，有一点是可以断定的：远在商代之前车船就已经经过了一个很长的发展演进阶段。

最初的车船一定是非常简陋的。《淮南子·说山训》："见窾（中空）木浮而知为舟，见飞蓬转而知为车。"这前一句是好理解的，因为"刳（剖开挖空）木为舟"（《周易·系辞下》），也就是窾木浮；后一句并不可靠，飞蓬与车轮性质相差太远，很难想象出古人是怎样从飞蓬受到启发的。但这一传说突出了"轮"，可以推想，原始的车子只是借助滚动减少物与地的摩擦力而已。《周礼·考工记》："凡察车之道，必自载于地者始也。是故察车自轮始。"这是自原始时代积累下来的经验：轮子是车最重要的部件，是车子的特征所在，察看时应从轮子开始。因此古车字的形体突出了两个轮子的形象。

在几千年的封建社会中船的发展变化不大，水行工具的飞跃要靠机械动力的出现，在这以前只有量变。车的变化则较迅速，因为可以使用牲畜以代人，并由此产生多种用途。车子的发展大体是这样的程序：人力→畜力→多种用途、多种形式。与此相应，道路设施也越来越发达完善。

下面我们就车与马、车的部件和马饰、战车和步行等几个问题分别叙述。舟船一项则从略。

（一）车与马

商周时期用于行路、狩猎和作战的车一般是用马牵引的。因此在先秦文献中经常车、马连言，说到马就意味着有车，说到车也就包括着马。例如《论语·公冶长》："子路曰：'愿车马衣轻裘，与朋友共，敝之而无憾。'"又《雍也》："子曰：'赤（公西华）之适（往）齐也，乘肥马，衣轻裘。'"乘肥马，即乘肥壮之马所拉的车。又《宪问》："桓公九合诸侯不以兵车，管仲之力也。"兵车，当然也是用马拖的。

用马驾车，可能经历了用两马的阶段，但从文献上看，应该是以驾四马为常。出土的车、马也以四马一车（“驷”）为多。例如《诗经》即多次描写四牡（公马）驾车的情况：

《小雅·采薇》：戎车既驾，四牡业业。（戎车：兵车。详下。业业：壮健的样子。）

《大雅·烝民》：四牡彭彭，八鸾锵锵。（彭彭：有威仪的样子。鸾：车铃。详下。）

《郑风·清人》：清人在彭，驷介旁旁。（彭：邑名。介：马所披的甲。旁旁：同彭彭。）

驾四马叫驷，驾三马叫骖，驾两马叫骈：

《小雅·采菽》：载骖载驷，君子所届。（载：始。所届：指车服的最高标准。）

嵇康《琴赋》：“双美并进，骈驰翼驱。”（双美：指和声的两音。翼：像翅膀那样。）

骈字当驾两马讲，不见于先秦典籍，这说明当时驾两马的时候很少。但是这绝不是说根本没有两马的车。《左传·哀公十七年》：“大（太）子请使良夫，良夫乘衷甸，两牡。”衷甸为一根车辕的车。两牡，指用两匹公马拉，这是诸侯的卿平时所乘的车。说两牡而不说骈，是当时还没产生专用名词。《汉书·平帝纪》：“四辅、公卿、大夫、博士、郎、吏，家属皆以礼聚，亲迎立轺（小车）并马。”并即骈。

据说夏代以六马拉车（见《荀子》、《公羊传》、《白虎通》），但无实物证明。大约到汉代，才出现了六匹马拉的车，只有天子才能享用。这大概是仿古的结果而并不是从车马的实际应用考虑的。《史记·袁盎列传》：“文帝从霸陵上，欲西驰下峻阪。袁盎骑，并车揽辔。上曰：‘将军怯邪？’盎曰：‘臣闻千金之子坐不垂堂（有钱人不坐在堂边，怕瓦掉下来。垂：边），百金之子不骑衡（楼栏杆），圣主不乘危而徼（同侥）幸。今陛下骋六骈，驰下峻山，如有马惊车败，陛下纵自轻，奈高庙、太后何？’上乃止。”骓有时指驾在两边的马，这里的六骓则是指六匹并驾齐驱的马。又《吕后本纪》：“乃奉天子法驾迎代王（即文帝）于邸。”法驾为天子所乘车的一种，应驾六马，文帝在霸陵所乘的也就是法驾。在春秋时代，乘六马还是非礼的。第一编中所引的《晏子春秋·内篇杂上》写齐景公“被发，乘六马，御妇人，以出正闺”而遭刖跪批评，原因之一就是驾了六匹马。

但是实际上并不如此严格。《列子·周穆王》：“〔王〕命驾八骏之乘。”周穆王是天子，却用八马。《晏子春秋·内篇谏上》载翟王子羡给齐景公表演一车驾十六马，晏子说：“夫驾八，固非制也，今又重（双倍）此，其为非制也，不滋甚乎？且君苟美乐之，国必众为之，田猎则不便，道行致远则不可，然而用马数倍，此非御下之道也。”所谓用马数倍即按一车四马计算的。在当时制车、道路等条件限制下，四马为最实用。

古代的马车只有一根辕，驾辕的一般是两匹马，叫服马，两旁的马叫骖马。《诗经·郑风·叔于田》：“叔适野，巷无服马。岂无服马？不如叔也，洵（实在）美且武。”又《大叔于田》：“执辔如组，两骖如舞。”两骖加两服，大叔所驾为驷。骖马类似现在牲口车的“长套”，马不用辕驾驭，而用皮条与车体相连。《左传·成公二年》写齐顷公所乘的车被晋国的韩厥追赶，“将及华泉，骖絓（同挂）于木而止”。这就是因为骖马在外，驾马的皮条较长而外露的缘故。

古人在室外尚左，所以如果需要解下马来另作他用就解左骖，这是对别人的尊重。《左传·僖公三十三年》：“公使阳处父（晋大夫）追之（指被晋俘获又释放的秦大夫），及诸河，〔秦人〕则在舟中矣，〔阳处父〕释左骖以公命赠孟明（秦大夫）。”《史记·管晏列传》：“越石父贤，在缧绁（指牢狱）中。晏子出，遭之途，解左骖赎之，载归。”这是对国家法令的尊重。《史记·司马穰苴列传》：“〔齐〕景公遣使者持节赦贾（庄贾，齐景公宠臣，因迟到被司马穰苴斩了），驰入军中。穰苴曰：‘将在军，君令有所不受。’问军正曰：‘驰三军法何？’正曰：‘当斩。’使者大惧。穰苴曰：‘君之使不可杀之。’乃斩其仆（赶车人）、车之左驸（同轵。夹车木）、马之左骖以徇三军。”这是对军法的尊重。《韩非子·外储说左上》：“〔晋文公〕解左骖而盟于河。”这是为了杀马以盟，用左骖是对河神的尊重。古代驾车的驭手在车厢的正中或左边，释左骖也比较方便，不妨碍继续驾驭。

因为以四马为常，所以古人常以驷为单位计数车马。《论语·季氏》说“齐景公有马千驷”，这不只是说他有四千匹马，也指他有一千辆车。一车为一乘，说到多少乘也就意味着多少组与之相应的马。《国语·晋语》：“秦后子来仕，其车千乘；楚公子干来仕，其车五乘。”千乘言后子富有，五乘言公子干贫穷。《左传·僖公二十三年》载，晋文公为公子时出亡在外，“及齐，齐桓公妻之，有马二十乘，公子安之”。有二十套车也就有了相应的其他财富，因此他安于齐而不想奋斗了。又《襄公二十二年》：“楚观起有宠于令尹子南，未益禄，而有马数十乘，楚人患之，王将讨焉。”由于同样的理由，楚人从观起无缘无故拥有大量车马而感到了子南把持国柄培植个人势力的威胁。乘既然常与“四”这个数字相连，所以也就可以作为计数之词。《左传·僖公三十三年》写秦军打算偷袭郑国，中途遇到郑国商人弦高，为了让秦军产生郑已有备的错觉，弦高“以乘韦先，牛十二犒师”。乘韦，即四张熟牛皮。

古代的达官贵人都要乘车。《汉书·董仲舒传》：“乘车者，君子之位也；负担者（背、挑重物），小人之事也。”《晏子春秋·内篇谏上》：“景公有男五人，所使傅之者皆有车百乘者也，晏子其一焉。”有车百乘即大夫之家。同篇中还有晏子的一句话：“有车之家，是一国之权臣也。”车，已经成为等级制度的一个部分，因此历代帝王都要对车服品级制度作出规定，任何人不得僭越。另一方面，该乘车而不乘也是为礼制和社会舆论所不允许的。《论语·先进》：“颜渊（孔子最得意的学生）死，颜路（颜渊之父）请子之车以为之椁（外棺）。子曰：‘才不才，亦各言其子也。鲤（孔子的儿子）也死，有棺而无椁，吾不徒行以为之椁。以吾从大夫之后，不可徒行也。’”“从大夫之后”是谦辞，孔子这时正作鲁大夫，大夫就必须乘车。《史记·范雎蔡泽列传》：“范雎曰：‘……雎请为见君于张君（张禄，范雎自己的化名）。’须贾曰：‘吾马病，车轴折，非大车驷马，吾固不出。’范雎曰：‘愿为君借大车驷马于主人翁。’”“固不出”即“当然不能出门”，不是须贾的双足不肯沾地，而是身份的限制，他这位魏国的大使不能丢魏国的面子。

（二）车的部件和马饰

1. 车的部件

车厢叫舆。舆的左右两边立木板或栏杆可以凭倚，叫輢。前边的横木可以手扶，叫式，通常写作轼。行车途中对所遇见的人表示敬意就扶轼低头，这个动作也叫轼。《论语·乡党》：“见冕者与瞽者（盲人）虽亵（熟悉）必以貌（以表情致礼），凶服者式之，式负版者（版：指国家档案）。”《礼记·檀弓下》：“孔子过泰山侧，有妇人哭于墓者而哀，夫子式而听之。”再进一步，对所尊敬的人所居住的地方也要轼，《史记·魏世家》：“〔魏文侯〕客段干木，过其闾（里巷的大门），未尝不轼也。”《礼记·曲礼上》：“式路马。”路马是天子的马的专称。敬君兼及其牲畜，未免太过分了。《万石君列传》：“过宫门阙，万石君必下车趋，见路马必式焉。”万石君以敬慎事上著称，但见到主子的马而“式”，被作为恭谨过人的例证写出来，说明别的臣子并不都按《曲礼》的话去做。

舆后边的横板或栏杆叫轸。《左传·昭公二十一年》：“张丐抽殳（撞击用的兵器）而下，〔公子城〕射之，折股。〔张丐〕扶伏（同匍匐）而击之，折轸（公子城的车轸），又射之，死。”《史记·龟策列传》：“〔纣〕头悬车轸，四马曳行。”古人从车的后部上车，因此轸留有缺口，为登车处。《战国策·赵策》：“媪（老妇人，指赵威后）之送燕后也，持其踵而为之泣。”母亲站在车下，从轸向车舆前伸臂，只能握到女儿的足踵，这是车子就要离开时一瞬间的情景。

车舆中有一根固定的绳供上车时拉手用，叫绥。《论语·乡党》：“升车必正立执绥。”《韩诗外传》卷二：“晏子起而出，援（拉）绥而乘。”《礼记·檀弓上》：“鲁庄公及宋人战于乘丘，县贲父御，卜国为右，马惊败绩（指车子颠覆），公队（坠），佐车（副车）授绥。”不用绥或拉不好，就会出危险。

车辕又叫辀，为一根稍曲的木杠（也有用直木的）。《左传·隐公十一年》：“郑伯将伐许，五月甲辰，授兵于大宫（在祖庙举行分发武器的仪式）。公孙阏与颍考叔争车，颍考叔挟辀以走。”

辕的后端连在车轴上，前端拴着一根横木，叫衡。衡上再加軛，卡在马颈上。軛是个叉形的木枝，稍稍外曲。（有人认为衡、軛是一个东西，只是命名的角度不同：从其横于前来说为衡，从其扼颈而言为軛。）《论语·卫灵公》：“立，则见其（指忠信）参于前也；在舆，则见其倚于衡也。”《淮南子·说山训》：“剥牛皮鞟（去毛）以为鼓，正三军之众。然为牛计者不若服于軛也。”《后汉书·列女传》：“〔董〕卓乃引车庭中，以其头悬軛，鞭扑交下，〔皇甫规〕妻谓持杖者曰：‘何不重乎？速尽为惠。’遂死车下。”曹植《赠白马王彪》：“鸱枭鸣衡軛，豺狼当路衢。”軛又写作扼。《庄子·马蹄》：“夫加之（马）以衡扼，齐之以月题（马额上圆形饰物）。”衡与辕相连接靠的是销子，古代叫輗（大车上用的）、軏（小车上用的）。《论语·为政》：“大车无輗，小车无軏，其何以行之哉！”軛岔开的两支曲木叫軥。《左传·襄公十四年》写卫国内乱，庾公差、尹公佗追赶卫侯，他们的师傅公孙丁给卫侯赶车，“子鱼（庾公差）曰：‘射，为背师；不射，为戮。射为礼乎？’射两軥而还。”古“礼”，射不求中，他射軥而不中人、马，既合古礼，又未违背追杀卫侯的命令，而以軥之微细又紧贴马颈，又足以显示其技术之高超。

现在说到车的运转部分。

车轮的辐条一般为三十根。《老子》：“三十辐共一毂。”毂是车轮中心有孔的圆木，用以贯轴。《左传·定公九年》：“齐侯执阳虎（即鲁国季氏家臣阳货），将东之。阳虎愿东，乃囚诸西鄙，尽借邑人之车，锲（刻）其轴，麻约而归之。”阳虎想逃到晋国去，故意表示愿意被关押在东边，齐侯把他放到相反的方向，不料正中诡计。他要逃，怕邑人追赶，所以把车轴都刻坏，这又是一计。《史记·苏秦列传》：“临淄之途，车毂击，人肩摩，连衽成帷，举袂成幕。”因为车毂外露，而且古代车轴露在毂外的部分很长，所以用“车毂击”形容路上车辆之多。这种施轴的方法有时很碍事。《史记·田单列传》：“燕师长驱平齐，而田单走安平，令宗人尽斩其车轴末而傅铁笼。已而燕军攻安平，城坏，齐人走，争途，以軎（套在车轴外露部分上的金属套，在这里即指轴端）折车败，为燕所虏，惟田单宗人以铁笼故得脱。”軎又写作軎，正是车轴一端突出的形象。车轮贯在轴端上后，为防止脱落，要用辖插在軎、轴中。辖是可以拔下来的，没有了辖车就不能行驶。过去北方的木轮大车仍用此物。《孔丛子》卷一："夫子适齐，晏子就馆（到客舍去看望孔子）……曰：'齐其危矣，譬若载无辖之车以临千仞之谷，其不颠复亦难冀（希望）也。"《汉书·陈遵传》："每大饮，宾客满堂，辄关门，取客车辖投井中，虽有急，终不得去。"

车轴横在舆下，固定的方法是在舆的底部安上两块木头，把轴用绳索绑在上面。因其形状像趴着的兔子，所以叫伏兔，又叫輹。《左传·僖公十五年》："车说（脱）其輹，火焚其旗，不利行师。"脱輹则舆、轮分离，所以说"不利"。

两轮之间的距离为轨。《礼记·中庸》："今天下车同轨，书同文。"车轨相同则车辙也等宽，车同轨实际是公路标准化的一个措施，这在都是土路面的时代尤为重要。引申之，车辙也叫轨。《孟子·尽心下》："城门之轨，两马之力与？"意思是说城门中石头路面上压出的车辙沟是由于往来车多慢慢形成的，不是驾车的两马的力量所致。曹植《赠白马王彪》："中逵绝无轨，改辙登高岗。"这是说由于霖雨泥泞前面的路无法通行，于是改道。下句说辙，上句说轨，辙轨同义，为避重而换用。

2. 车的附件

经常在古代诗文中出现的有：

盖。这是由一根木柱支撑的伞形物，立于舆上。《史记·商君列传》："五羖大夫之相秦也，劳不坐乘，暑不张盖，行于国中。"可见盖的主要功用是遮阳避雨。车上立盖，这是有了一定地位、财富的人享用的。《汉书·循吏传》："其以贤良高第扬州刺史霸为颍川太守，秩比二千石，居官赐车盖，特高一丈。别驾、主簿车缇油屏泥于轼前，以章（同彰）有德。"《汉书·王嘉传》："嘉遂装出，见使者再拜受诏，乘吏小车，去盖不冠，随使者诣廷尉。"王嘉是丞相，有了罪则去盖，与晏子正成对照。这样，盖无形中成了一定地位的标志，例如说"冠盖"即代表士大夫。班固《西都赋》："冠盖如云，七相五公。""倾盖"被用以形容途中相遇亲切谈话，也是指有地位者。邹阳《狱中上梁王书》："白头如新，倾盖如故。"皇帝的车盖有特别的质料和形制，叫"黄屋"。《汉书·贾谊传》："〔诸王〕擅爵人，赦死罪，甚者或戴黄屋。"王者用黄屋，是僭越。

轫。古代的车没有制动装置，为防止车轮自己滑动，停车后用木头阻碍车轮，这木头就叫轫。《离骚》："朝发轫于苍梧天津（天河的渡口）兮，夕余至于西极（西方的尽头）。”所以后代以发轫为出发、启程。进而凡以物阻挡车轮的滚动也叫轫。《后汉书·申屠刚传》：“光武（刘秀）尝欲出游，刚以陇蜀未平，不宜宴安逸豫，谏不见听，遂以头轫乘舆轮，帝遂为止。”现在在车轮前垫块石、木以防车动，盖即古代的轫。

辅。这是车轮外边另加上夹毂的两根直木，为的是增强轮子的承重能力。《诗经·小雅·正月》：“无弃尔辅，员（增益）于尔辐。”《吕氏春秋·权勋》：“宫之奇曰：‘……虞之与虢也，若车之辅也，车依辅，辅亦依车。’”《左传·僖公五年》记载此事云：“谚所谓‘辅车相依，唇亡齿寒’者，其虞、虢之谓也。”因人之面颊与牙床的关系与辅、车的关系近似，所以又称面颊为颊辅，对《吕氏春秋》和《左传》中此处所说的辅、车，一般也理解为说的是面颊与牙床（车）。

辂。这是绑在车衡上以备人牵挽的横木。《史记·刘敬列传》：“娄敬（即刘敬，刘为汉高祖所赐姓）脱輓（同挽）辂，衣其羊裘，见齐人虞将军曰：‘臣愿见上言便事。’”辂又是一种车子的名称。《论语·卫灵公》：“颜渊问为邦（治国的办法），子曰：‘行夏之时（历法），乘殷之辂，服周之冕……'”在这个意义上辂又写作路。《诗经·小雅·采菽》："君子来朝，何锡（同赐）予之？虽无予之，路车乘马。"

车舆中可以铺席，车席叫茵。《诗经·秦风·小戎》："文茵畅毂（等于说长毂），驾我骐异（后左足色白的马）。"茵后来也泛指一般的席垫。《孔子家语·致思》："从车百乘，积粟万钟，累茵而坐，列鼎而食。"

车舆的四周可以施帷，据说在上古是妇人之车。《诗经·卫风·氓》："淇水汤汤，渐（浸润）车帷裳。"裳是车帷下垂的部分，因像人之下裳，故名。后代的车围子就是古代的车帷。后来车盖被取消，帷加了顶，就叫缦（又写作幔），又叫幰幰，很像后代的车棚。《南齐书·魏虏传》："虏主及后妃常行，乘银镂羊车，不施帷幔，皆偏坐，垂脚辕中。"

3. 马饰

古人讲究马身上的饰物。马饰与驾驭用的马具不可分，多数就是在马具上加上金属或玉石的饰片。例如《左传·僖公二十八年》："晋车七百乘，韅、靷、鞅、靽。"这就是因为两千八百匹马的驭具整齐鲜明，因而连用这四个名词以显现晋军军容的肃整。鞴是马腹带。靷是引车的皮带。《左传·哀公二年》："邮良（即古代有名的御手王良）曰：'我两靷将绝，吾能止之（使靷暂时不断）。我，御之上也。'"孔颖达正义："古之驾四马者，服马夹辕，其颈负轭；两骖在旁，挽靷助之。"那么靷就是今天的"长套"。鞅是套在马颈上的皮带，靽是套在马臀部的皮带。另有靳，是服马当胸的皮带。《左传·定公九年》："猛曰：'我先登（指登上晋国夷仪城）。'书（书与猛都是齐人）敛甲（指站起身准备打架）曰：'曩者之难（等于说作对），今又难焉！'猛笑曰：'吾从子，如骖之靳。'"古代驾车骖马略后于服马，骖马之首与服马胸齐，"如骖之靳"即如骖马随着服马的胸前皮带而前进。杜预注："靳，车中马也。"则是以靳借代服马。

勒是整套的笼头。其中马所含的"嚼口"叫衔（衔、含古代音义相同）。马缰绳叫辔。《孔子家语·执辔》："夫德法者，御民之具，犹御马之有衔勒也。"《汉书·匈奴传》："单于正月朝天子于甘泉宫，汉宠以殊礼……赐以冠带衣裳……鞍勒之具。"

（三）乘车的礼俗

1. 立乘与驭马

上古乘车是站着的。《礼记·曲礼上》："妇人不立乘。"可见男子一般都立乘。乘车的位置是舆的前部、轼木之后。御车者把辔汇总分握在两手中。《礼记·曲礼上》："执策分辔，驱之五步而立（试行）。君出就车，则仆并辔授绥。"可见赶马行进时辔是分在两手持握的，如果一只手要干别的事，辔绳即并于另一只手。《诗经·郑风·大叔于田》："执辔如组，两骖如舞。"组是编织成的多股丝绳，"如组"，即辔索虽多而在御者手中就像一根组绳，用力均匀，因而两边的骖马跑起来才能如舞，极为协调。古代每马两辔，两匹骖马的内侧辔绳系在轼前，这样御者共握六辔，"分辔"，则每手三根。古代绳组多为三股，所谓"如组"是很精确的。《诗经·秦风·驷驖（赤黑色的马）》："驷驖孔阜（很大），六辔在手。"又《小雅·皇皇者华》："我马维骃（浅黑带白色的马），六辔既均。"均是说用力均匀协调。《左传·成公二年》写晋主帅郤克受伤，无法击鼓指挥，于是其御者解张“左并辔，右援枹（鼓槌）而鼓”。六辔合在一手还要四马协力疾奔，辔虽不再“如组”，但仍要极高的技术。

赶马的竹杖叫策，皮条的叫鞭。《左传·文公十三年》：“〔晋大夫士会〕乃行，绕朝（秦大夫）赠之以策，曰：‘子无谓秦无人，吾谋适不用也。’”绕朝即借赶马之策与计谋之策同音表示自己是识破了士会的计策的。又《宣公十五年》：“古人有言曰：‘虽鞭之长，不及马腹。’”今语“鞭策”即由抽打马而变为指对人的鼓励。鞭、策都是御者所执，而御者是乘车者的臣下，因而“执鞭”一语即指服从他人、为其驱使。《史记·管晏列传》：“假令晏子而在，余虽为之执鞭，所忻（同欣）慕焉。”

古人十分重视驭马的技术。在孔子的教学体系中设有“御”这一科。《左传》记述战争，总要交待交战双方主将的御手是谁和是怎样选定的。这在以车为交通、作战的主要工具，而路面、车体的条件都还较原始的时代是极必要的。古书中有很多关于驾车高手的记载，其技术之高超的确达到了惊人的地步。例如《淮南子·览冥训》：

昔者王良、造父之御也，上车摄辔，马为整齐而敛谐，投足调均，劳逸若一，心怡气和，体便轻毕，安劳乐进，驰骛若灭，左右（骖马）若鞭（像挨了鞭子一样用力），周旋若环。

造父为战国时期赵国的祖先，传说他曾为周穆王赶车会到西王母，又曾“日驰千里马”使周穆王赶回平定叛乱（见《史记·赵世家》）。王良是春秋时期晋国的大夫。从《淮南子》的描述看，他们二人赶车主要靠辔绳，而不是靠鞭打。上文提到《左传·哀公二年》所载王良的故事，骖马的长套就要断了，但他能使之不断，一直到战争结束。然后，他“驾而乘材，两靷皆绝”。他让车子碾过横在地上的细木头，骖马稍一用力靷就断了。这正是“整齐”、“敛谐”、“投足调均”的具体体现：打仗时骖马用力极为均衡，与服马极为谐调。《孟子·滕文公下》所载则是驾车打猎的情形：

赵简子使王良与嬖奚（简子的幸臣）乘，终日不获一禽。嬖奚反命（向简子复命），曰：“〔王良〕天下之贱工也。”或以告王良，良曰：“请复之（再来一次）。”强而后可。一朝而获十禽。嬖奚反命曰：“天下之良工也。”简子曰：“我使〔王良〕掌与女乘。”谓王良，良不可，曰：“吾为之范我驰驱，终日不获一；为之诡遇，一朝而获十。《诗》云：‘不失其驰，舍矢如破。’我不贯（同惯）与小人乘，请辞。”

所谓“范”即法度。射御的规矩是追赶时车不能越过兽，而要在兽的左后方与兽平行奔驰，箭从兽小腹左侧射入，穿过心脏，达到右肩。这样射中的兽，血很快流尽，其肉洁美，被称为“上杀”，用于祭祀。若未穿心脏而达于右耳，为“次杀”，用于招待宾客。如果箭从臀部射入达到右肋，为“下杀”，只能供自己食用。王良开始按照这个要求驾车，嬖奚一只兽也射不到，因为他的射技不精，而且不懂法度。所谓“诡遇”，即怪异地设法遇上猎物，也就是不按法度地胡乱驰骋追逐，射法也就乱来，这在当时是君子所不为的，所以称嬖奚为小人。

从以上点滴的介绍可以看出，古人对御车有一整套严格的要求，这还不包括上车、执辔、站立的姿势等。这些要求中的大部分，是人民在狩猎、作战、旅行过程中逐渐积累起来的要领，目的是为保证车的速度、安全和效率。古代的统治者还从驭马的方法中悟出了对人民的统治术。例如《吕氏春秋·审分》：“王良之所以使马者，约审之以控其辔，而四马莫敢不尽力。有道之主其所以使群臣者亦有辔。其辔何如？正名、审分（职守）是治之辔已。”《韩诗外传》卷三：“昔者先王使民以礼，譬之如御也。刑者，鞭策也。今犹无辔衔而鞭策以御也。”又《孔丛子》卷二：“以礼齐民，譬之于御，则辔也；以刑齐民，譬之于御，则鞭也。执辔于此而动于彼，御之良也；无辔而用策，则马失道矣。”这些比喻体现的都是儒家以礼治民的思想，虽然反对只以酷烈的刑罚进行统治，但把民比做马牛却是与其他治民学说无别的。

2. 乘车位次

古代乘车一般是一车三人。三人的位次是：尊者在左，御者在中，车右在右。如果车中尊者是国君或主帅，则居于当中，御者在左。《左传·成公二年》写在鞌之战中韩厥梦见他父亲告诉他：打仗的时候要躲开车舆的左边和右边，所以第二天交战时他就“中御而从齐侯”。《左传》之所以特别记述这件事，是因为韩厥本应在左。在这场战斗中晋国的郤克是主帅，应该站在中间，也就是在御者之右，所以当他伤势加重后其御解张要“左”并辔，“右”援枹，枹原本在郤克手里，也就是在解张的右边。《史记·信陵君列传》写信陵君“从车骑，虚左，自迎夷门侯生。侯生摄敝衣冠，直上载公子上坐”。上坐，即车之左。

车右又叫骖乘，任务是执戈御敌，车遇险阻时下去排除障碍、推车。车右都是勇而有力的人。《史记·商君列传》：“君之出也，后车十数，从车载甲，多力而骈胁者为骖乘。”骈胁，即胸大肌、肋间肌、背阔肌特别发达，就像连到一起了。鞌之战中郑丘缓为郤克的车右，所以他说：“自始合（交战），苟有险，余必下推车。”逢丑父是齐侯的车右，但他的臂被蛇咬伤了，所以当齐侯的骖马皮带被树挂住后他“不能推车而及（被韩厥赶上）”。车右也就是在中尊者的卫士，因而当眼看齐侯将要被俘时，“逢丑父与公易位”，冒充齐侯。这既是他的职责，也是对“不能推车”这一失职过错的弥补。韩厥真的把他当做齐侯俘虏了去，他对晋人说自己是“代君任患”，这话并不十分老实。也正是因为车右有保卫尊者的任务，所以赵盾的车右要把赵盾从晋灵公“伏甲将攻之”的危险处境中救出，而自己以身殉职；在“鸿门宴”中当樊哙听说刘邦生命受到威胁时说“臣请入，与之同命”，并冲进营门，也是在履行职责。

3. 超乘

上文谈到“超乘”的礼节。超即跳，为了表示对车所路过处主人的敬意，车上站在左右两侧的人在车行进时跳下，随后又跳上去。这需要高超的技术和勇气，因此又是示勇的方式。《左传·昭公元年》："郑徐吾犯之妹美，公孙楚聘之矣，公孙黑又使强委禽（等于说彩礼）焉。犯惧，告子产。子产曰：'是国无政，非子之患也。惟〔女〕所欲与？'犯请于二子，请使女择焉。皆许之。子皙（公孙黑）盛饰入，布币（见面礼）而出，子南戎服（军服）入，左右射，超乘而出。女自房观之，曰：'子皙信美矣，抑子南，夫也。'"公孙楚以超乘博得了美丽女子的欢心，就是因为超乘容易体现戎士的壮勇。又《僖公三十三年》："秦师过周北门，左右免胄而下，超乘者三百乘。王孙满尚幼，观之，言于王曰：'秦师轻而无礼……'"为什么秦师行超乘之礼而被认为"无礼"？《吕氏春秋·悔过》载此事云："师行过周，王孙满要门而窥之，曰：'……过天子之城，宜橐甲（把铠甲装进袋子）束兵，左右皆下。'"现在只免胄、超乘，不但不合乎"礼"，而且有示勇的用意，当然是对周天子的不敬。其实，兵车来到别人的都城都应该收起武器，以示无意构成威胁。又《昭公元年》："楚公子围聘（诸侯间的相互聘问）于郑，且娶于公孙段氏，武举为介（副使）。……武举知其有备也，请垂橐（盛衣甲弓箭的袋）而入，许之。"垂橐，即表示没有挟带兵器。《国语·齐语》:“诸侯之使，垂橐而入，稛（同捆）载而归。”稛载即车上装满东西，为主人所赠；垂橐，即表示一无所有，以衬托带走的礼品丰足，也是表示友好，绝不搞特洛伊木马计那一套。诸侯之间如此，对于名为天子的周王就更应如此了，秦师的轻而无礼实际是藐视周王朝的表现。《史记·万石君列传》:“〔卫〕绾以戏车为郎。”应劭说：“能左右超乘也。”超乘被称为戏，并因这种技术而为郎，说明汉代因以骑、步兵为作战主力，当年车战的技术已经沦为杂技一流了。

（四）车的种类

1. 牛车、羊车

自古也有牛车。《周易·系辞下》:“服牛乘马，引重致远，以利天下。”牛能负重耐劳，但速度慢，所以牛车多用以载物。《汉书·兒宽传》:“民闻〔宽〕当免（免官），皆恐失之，大家牛车，小家担负，输租繦属不绝。”在马车受重视的时代，牛车即被认为是“贱”的。《汉书·游侠传》:“〔朱家〕家亡（无）余财，衣不兼采，食不重味，乘不过軥牛（小牛）。”《史记·酷吏列传》：“〔张〕汤死……昆弟（兄弟）诸子欲厚葬汤，汤母曰：‘汤为天子大臣，被污恶言而死，何厚葬乎？’载以牛车，有棺无椁。”牛车送柩是其薄葬的一项。《汉书·食货志》：“〔汉初〕自天子不能具醇驷（即四马同色），而将相或乘牛车。”这是因为建国伊始，讲究不得。而东汉之末天下大乱，经济更为凋敝，于是连天子也无马车可乘。《三国志·魏志·董卓传》：“〔杨〕奉、〔韩〕暹等遂以天子都安邑，御乘牛车。”

但是魏晋以后坐牛车却变得时髦了。这大概是因为牛较安稳保险，对于养尊处优恬淡轻闲的士族阶层更为合适，同时也与后来政治文化中心移至江南，而江南牛多马少有关。《南齐书·陈显达传》：“家既豪富，诸子与王敬则诸儿并精车牛、丽服饰。当世快牛称张世子青、王三郎乌、吕文显折角、江昙云白鼻。”当时连皇宫里也养牛。这种情况就跟清末一些人家讲究好骡子、现在讲究名牌摩托车、汽车一样。这种乘牛车的习惯直至南宋还可看到。《老学庵笔记》卷二：“成都诸名族妇女，出入皆乘犊牛。惟城北郭氏车最鲜美，为一城之冠，谓之郭家车子。”牛车既为妇女所专用，陆游又以为新奇而予以记录，可见当时乘牛车的已不多了。

古代还以羊拉车。《周礼·考工记·车人》曾提到羊车，据学者考证，那只是较小的车，并非真用羊拉。汉魏以后才有真正的羊车。《晋书·胡贵嫔传》："武帝掖庭（后宫）并宠者众，帝莫知所适。常乘羊车，恣其所之，至，便宴寝。宫人乃取竹叶插户，以盐汁洒地而引羊车。"（竹叶、盐都是羊爱吃的，羊至门口贪吃就不走了。）《南齐书·魏虏传》："虏主及后妃常行，乘银镂羊车，不施帷幔，皆偏坐垂脚辕中。"羊车的实用价值不大，因而历来为帝王消遣淫乐的工具。

2. 栈车、辎车、安车、温车、传车、辇

车子因质料、用途的不同而有许多种。常见的有：

栈车。栈又写作轏。这是以木条编舆的轻便车。《诗经·小雅·何草不黄》："有栈之车，行彼之道。"《左传·成公二年》："丑父寝于轏中，蛇出于其下，以肱击之，伤，而匿之。"因为车厢为木条所编，有空隙，所以蛇才能出于其"下"。又由于栈车似碎材所拼，所以又叫柴车。《史记·楚世家》："荜露蓝缕，以处草莽。"服虔说："荜露，柴车，素（不加漆饰）大辂也。"《列子·力命》："北宫子既归……乘其篳路，若文轩之饰。"栈车是较简陋的，因此上面三例都用以说明生活的艰苦朴素。《汉书·王莽传》："唐尊曰：'国虚民贫，咎在奢泰。'乃身短

衣小袖，乘牝（母马）柴车，藉稾（铺草席），瓦器。”则以乘柴车作为反对奢侈的手段。

辎车。即有帷幔的车子，多用于载物，帷幔可以遮蔽风雨，防止货物损害，人也可以在里面寝卧。《史记·孙子列传》：“于是乃以田忌为将，而孙子为师，居辎车中，坐为计谋。”孙膑受过膑刑，所以“坐”着指挥，居辎车中既便于休息，也便于进攻大梁时保密。《汉书·张敞传》：“礼，君母出门则乘辎軿。”辎軿也就是辎车。“重车”其实也是辎车。《汉书·朱买臣传》：“后数岁，买臣随上计吏为卒，将重车至长安。”若说“辎重”，则指辎车中所载的重物。《老子》：“圣人终日行不离辎重。”这是以辎重指行路所带的日常生活用品。《三国志·魏志·荀攸传》：“太祖（曹操）拔白马还，遣辎重循河而西。”这是指军需物资。

安车。是一匹马拉的小车，可以在舆内安坐。《礼记·曲礼上》：“大夫七十而致事（离职）……适四方，乘安车。”《史记·甘茂列传》：“秦武王三年，谓甘茂曰：‘寡人欲安车通三川，以窥周室，而寡人死不朽矣。’”秦武王第二年便死去了，大概这时他已自感不妙，所以想乘安车出征。如果君王用安车征聘某人（一般都是读书人），则是一种“殊荣”。《后汉书·逸民传》：“桓帝乃备玄纁之礼（布帛之类），以安车聘之（指韩康）。”以安车送行也是一样的道理。《史记·孟子荀卿列传》：“〔梁〕惠王欲以卿相位待之，〔淳于〕髡因谢去，于是送以安车驾驷，束帛加璧，黄金百镒。”古代车舆与轮轴之间没有弹簧，路面又不好，车子走起来颠簸之状可以想见。为了坐在上面更加舒适，可以用蒲草裹轮。

温车。是一种卧车，有帷幔，有窗子，可以根据气温开闭，调节车内气温。《史记·齐世家》：“桓公之中钩（被管仲射带钩），佯死以误管仲，已而载温车中驰行。”温车又叫辒辌车。又《李斯列传》：“李斯以为上（秦始皇）在外崩，无真太子，故秘之，置始皇居辒辌车中。”后来辒辌车被用作丧车。《汉书·霍光传》：“载光尸柩以辒辌车。”近年在西安出土了完整的铜车马，有帷，有顶，顶微呈脊形，后有门，前边及左右有窗，当即辒辌车。

附带说一句：凡有帷幔、供坐卧或载物的车，御者都在帷幔之外、车舆的最前边，居中，而且是跪坐。

传车。是用于传递消息法令的车，为驿站所专用，较为轻快，在先秦叫驲。《左传·襄公二十一年》：“晋侯问叔向之罪于乐王鲋（晋大夫）……于是祁奚老矣，闻之，乘驲而见宣子。”《晏子春秋·内篇杂上》：“景公闻之（指晏子离职而去），大骇，乘驲而自追晏子。”这都是因为事情紧急而乘驲。传车也可简称传。《史记·范雎蔡泽列传》：“于是秦昭王大悦，乃谢王稽，使以传车召范雎。”

辇。是人推挽的车。《谷梁传·成公四年》：“晋君召伯尊而问焉。伯尊来，遇辇者。辇者不辟（同避），使车右下而鞭之。”辇者，即挽车人。《左传·成公十七年》：“齐庆克通于声孟子，与妇人蒙衣乘辇而入于闳（巷门）。”后来辇成为皇帝、皇后的专用车。《史记·梁孝王世家》：“以太后亲故，王入则侍景帝同辇，出则同车游猎，射禽兽上林〔苑〕中。”“入”指在宫内，说明帝王只在宫内使用。司马迁《报任安书》：“仆赖先人绪业，得待罪辇毂下二十余年矣。”杜牧《冬至日遇京使发寄舍弟》：“尊前岂解愁家国，辇下惟能忆弟兄。”辇毂下或辇下都指皇帝所居之地，也就是京师。

附带说说肩舆。肩舆即今之轿子、滑竿，原为上山时所用，作为交通工具时代较晚，开始时也不普遍。《南齐书·垣崇祖传》：“崇祖著白纱帽，肩轝（同舆）上城。”车无法上城，所以乘肩舆。《世说新语·简傲》：“谢中郎是王蓝田女婿。尝著白纶巾，肩舆径至扬州听事（官府大堂）。”白巾、肩舆，与垣崇祖同，意在表示不同凡俗。《资治通鉴》卷一九八：“〔唐太宗〕尝乘腰舆，有‘三卫’（皇帝卫士的总称）误拂御衣，其人惧，色变。”胡三省注：“腰舆，令人举之，其高至腰。”这样看来，腰舆与肩舆同类，只是不上肩而已。

（五）兵车

上文说到过，兵车古称戎车，因为戎是古代兵器的总称，就跟戎马是军马，戎服是军服，戎行是军队一样。

在上古，贵族平时乘的车子遇有战事就开上战场，兵车与一般车子没有什么区别。但拉车的马在打仗时要披上铠甲。《左传·成公二年》：“齐侯曰：‘余姑翦灭此而朝食。’不介马而驰之。”在这次战斗中不介马一事被特别记下来，即因为平时一般都要“介”，齐顷公太轻敌急躁了，因而破例。同时，兵车上要放武器如弓、矢、戈等，因而车上有橐、弢等盛武器的容器。《左传·成公十六年》：“〔楚共〕王召养由基，与之两矢，使射吕锜（晋大夫），中项，伏弢。以一矢复命。”又：“石首（晋大夫）曰：‘卫懿公惟以不去其旗，是以败于荧。’内（纳）旌于弢中。”弢本是盛箭的，当然也就可以放旗。《左传·宣公十二年》：“晋人或以广（兵车）队（坠，指陷入泥坑），不能进，楚人惎（教导）

之脱扃；少进，马还（旋），又惎之拔旆投衡，乃出。”扃是兵车上搁置兵器的横阑，兵车既陷于泥淖，横木增加阻力，去掉扃后仍不免原地打转，是因为旗子兜风，抵消了马力，因此楚人又教晋人把旗平倒在车衡上。扃、旆都是兵车必备之物。

古代兵车上都有旗，种类、名称繁多，不能细述。旗与鼓是指挥作战的信号，因此主帅的车上必有。《左传·隐公十一年》写郑伐许，“颍考叔取郑伯之旗蝥弧以先登。子都自下射之，颠。瑕叔盈又以蝥弧登，周麾（挥）而呼曰：‘君登矣。’郑师毕登。”蝥弧是郑伯旗的专名，大概各国诸侯、大夫的旗都有特殊的徽志。以旗麾军而师毕登，可见旗在战斗中的作用。颍考叔“取”旗，即从车上拔取。又《庄公十年》：“公将鼓之，〔曹〕刿曰：‘未可。’齐人三鼓，刿曰：‘可矣！’”鼓为进军的号令，旗的具体作用大约主要是让全军看到将帅所在的位置。

与平时乘车相反，战车不求其舒适，而求其轻快，因而没有车盖、帷幔之类。

行军过程中兵车还有一个特殊的用途：宿营时用车围成圆圈，以防备敌人的偷袭或野兽的侵扰。银雀山汉墓竹简《孙膑兵法》：“车者，所以当垒〔也〕。”《三国志·魏志·武帝纪》：“连车树栅，为甬道而南，既为不可胜，且以示弱。”“连车”，也就是用车为营，“不可胜”，说明这种自卫方法不易击破，“示弱”，即让军队躲在里面好像不敢出战。营垒之门，就是车所围成的圆周留有缺口，并把两辆车的辕相对而向上斜立，形成门形。因此军门又称辕门。王昌龄《从军行》五：“大漠风尘日色昏，红旗半卷出辕门。”这种方法来源甚古。《史记·五帝本纪》：“〔皇帝〕迁徙往来无常处，以师兵为营卫。”张守节《正义》：“环绕军兵为营以自卫，若辕门即其遗象。”其实，从“军”字本身就可以看出古代是以车当垒的。军字上边的冖，在篆体即表示包成一圈，与下边的车相配，就是车子环卫的意思。《说文》：“军，圜围也。四千人为军。”圜围是本义，等到军成为编制单位的名称，已经是较晚的事了。

兵车中又有不同的种类和名称。《周礼·车仆》提到戎路、广车、阙车、革车、轻车五种。对此前人有过许多详细的考证，也有许多异义。我们只就古代文献中常见的略作介绍。

戎路是天子以及诸侯所乘。《左传·僖公二十八年》：“王（周襄王）命尹氏、王子虎、内史叔兴父策命晋侯（文公）为侯伯，赐之大辂之服、戎辂之服。”辂同路，大辂是封赐同姓诸侯的车，又称金路。古代既以车、服为等级标志，所以大辂、戎辂之服即包括车、服二者。

轻车即一般的战车，为进攻敌军的主力。《左传·哀公二十七年》："中行文字（荀寅，逃亡在齐的晋大夫）告成子（齐大夫）曰：'有自晋师告寅者：将为轻车千乘以厌（压）齐师之门，则可尽也。'"战车的易损部位需用皮革包裹，因而轻车又名革车。

軘车。其形制已不可考，《左传·宣公十二年》："晋人惧二子之怒楚师也，使軘车逆之。"孔颖达引服虔云："軘者，屯守之车。"再从軘由屯得声来看，这是一种防御性的兵车，可能不像轻车那样便于驰骋，但却为敌人车马所难于攻破，因而较为笨重。

（六）步行

古代的达官贵人行则有车，但是人的两脚总不能永远不沾地，于是关于走路古人又留下了许多规矩。这是君王贵族们"礼"的一部分。虽然历代百姓未必照规定的那一套去走路，但文献中却时时可以看到与之相合的记载。对这些规矩有个粗略的了解，对我们阅读古籍无疑是有用的。

古人对走路的动作分辨得很细。例如《释名》说："两脚进曰行。徐行曰步。疾行曰趋。疾趋曰走。奔，变也，有急变奔赴之也。”与今天的话对照，如果古代单说“行”，就是走；如果“行”跟“步”相对而言，行就是正常速度的走，步就是慢走。安步当车、漫步、踱步等词语中的步字还是古义。古代的“走”相当于现在的跑。《释名》以“变”释奔，是用声音相近的字词相训，意在说明奔这个词来源于变，对这一点我们姑置无论，而它说“有急变奔赴之也”倒是描绘出了奔的特点：拼命地跑。有了紧急情况时跑的速度是要比平时快得多的。中国古代没有百米赛跑，刘熙只能这样来说明。这是着眼于走路的不同速度所作的解释，很好理解。

《尔雅》有另一番解释，是从走路的地点方面说的，却不大好理解，可是如果搞清楚了，不但对于步、行、走、奔可以区分清楚，还可以知道些古人的礼俗。《尔雅》说：“室中谓之时，堂上谓之行，堂下谓之步，门外谓之趋，中庭谓之走，大路谓之奔。”下面作些简要说明。

“时”是峙的借字，峙与跱、踟同，即后来常说的踟蹰、踌躇，是徘徊、来回走动的意思。室内狭窄，在室中“走路”的特点是不能“一往而不复”，要想持续地走下去，只能在短距离内不断往复。我们知道，大凡人走路急促时步子就比较小，舒缓时步子比较大。堂上的长度、面积都不大，走路时步子应该小一些；堂上既近于室，又是行礼之所，走路的速度也不应太快。堂下的地方较大，走路可以迈大步，速度也可以加快一些。“堂上谓之行”是说在堂上要像正常行路那样步子不大不小；“堂下谓之步”也是说每步的距离：在堂下可以迈出像漫步那样较大的步子。这是以通常表示速度的步、行说明迈步距离的大小。“堂下”也就是庭，为什么《尔雅》又说“中庭（即庭中）谓之走”呢？堂是一般的宅院都有的建筑，这里的中庭指的是宫廷之庭。《尔雅》并不是说在朝中之庭上一定要跑，而是说只有在朝中之庭那样开阔的地方才有“走”的条件。“大路谓之奔”也是同样的道理。

《释名》和《尔雅》的解释初看起来有点矛盾（堂上行、堂下步，堂上比堂下快），但若结合起来看，二者还是一致的，而且只有沟通二者，我们才能对步、行、走等有全面的认识。

古人对行路动作的规定主要是在不同的时间地点应有不同的走法。《礼记·曲礼上》：“堂上接武，堂下布武，室中不翔。”武是足迹，接武即向前迈的一只脚应该在紧挨着另一只脚处落地，脚印一个“接”一个。布即散布、分布，布武即足迹不相连接。翔的本义是飞翔，在这里是比喻的说法，意思是在室内走路时双臂的摆动要小，不要像鸟飞那样挥动，也就是不要大摇大摆。显然，这些规定其实是跟《尔雅》、《释名》

一致的，也是跟室内、堂上、堂下的空间状况相适应的。

《曲礼》还说：“帷薄之外不趋，堂上不趋，执玉不趋。”堂上地方小，不能也不必趋；执玉而趋容易脱手，把玉摔坏；帷薄之外看不到里面的人，不见则不施礼，也无须趋。《韩诗外传》卷四：“晏子聘鲁，上堂则趋，授玉则跪。子贡怪之……晏子对曰：‘夫上堂之礼，君行一，臣行二。今君行疾，臣敢不趋乎？今君之授币也卑（矮），臣敢不跪乎？’”子贡之怪，即因堂上不该趋而晏子趋，所据是正礼；晏子也有道理，是权变。《史记·汲郑列传》：“上（汉武帝）尝坐武帐中，黯前奏事，上不冠，望见黯，避帐中，使人可（同意）其奏。”以帐相隔，则双方不着面，可以免礼，武帝不冠既无所谓，依理推测汲黯也就可以不趋。

《曲礼》明确规定“三不趋”，也就等于告诉人们：在其他地方都可以趋或必须趋。例如《曲礼》说：“遭先生于道，趋而进”；“先生与之言则对，不与之言则趋而退”。趋进、趋退，是对“先生”的尊敬。《论语·微子》：“楚狂接舆歌而过孔子……孔子下，欲与之言，趋而辟（避）之，不得与之言。”接舆趋，并非是“先生不与之言”，而是相反；而“趋”避（即退）也包括对对方的尊重，并非单单是为了快点躲开。又《乡党》：“趋进，翼如也（恭敬的样子）。”

在他人面前趋，是恭敬的表示。在儒家的经典上没有详细开列有关趋的条例，我们从古代文史作品中可以看出，其总的原则是在尊者面前要趋，特别是在君王的面前，趋更是不可少的。例如，《战国策·赵策》：“左师触龙言愿见太后，太后盛气而胥（等候）之。〔触龙〕入而徐趋，至而自谢：‘老臣病足，曾不能疾走，不得见久矣，窃自恕。’”臣见君，入门就要趋，因为一入门即是庭中。但触龙却是徐趋，按说这是不合要求的，因此他要声明“病足”，说明自己趋而不疾是有缘由的。作出趋的样子而又缓慢，触龙就解决了“礼”与“病”之间的矛盾，开口劝赵太后让长安君出质的话题也就有了。——必须结合古人对趋的要求才能看出触龙“徐趋”中的“学问”。即使在战场上趋的礼节也是不可少的。《左传·成公十六年》：“郤至三遇楚子之卒，见楚子，必下，免胄而趋风。”晋楚交战，郤至见到敌国国君还要致敬，这是符合春秋时代的惯例的。他致敬的方式一共三个：下车、免胄（已见第一编）、趋。趋风者，疾趋如风。这和触龙的“徐趋”恰成对比，又过快了。但在激烈交锋的战场上还要考虑到安全问题，也只能如此。

对方即使不是国君，也并非尊贵年长者，只要是值得尊重的，也要趋。《论语·子罕》：“子见齐衰者（穿丧服的）、冕衣裳者（穿礼服的）与瞽者，见之，虽少（年轻），必作（站起来），过之，必趋。”《史记·万石君列传》：“庆（石庆）及诸子弟入里门，趋至家。”这是因为里中还有邻居、同族人，自己地位高，对他们也要表示敬重。又：“万石君徙居陵里（长安里名）。内史庆醉归，入外门不下车，万石君闻之，不食……万石君让（责备）曰：‘内史，贵人！入闾里，里中长老皆走匿，而内史坐车中自如，固当！’”依万石君的意思，石庆不但要下车，而且应该“趋至家”。在官场中，下级见上司当然要趋。《后汉书·儒林传》：“〔孙堪〕尝为县令，谒府，趋步迟缓，门亭长（府的守门人）谴堪御史，堪便解印绶去，不之官。”趋得缓慢了都要受谴，不趋自然更是不允许的了。但要求最为严格的还是臣在君前。触龙病足（不管是真是假）也还要趋，即可见一斑。

首次明文规定臣见君趋大约是在汉初叔孙通为刘邦制定的朝仪。《史记·叔孙通列传》：“仪：先平明（天亮之前），谒者治礼，引以次入殿门，廷中陈车骑步卒卫宫，设兵张旗志（帜）。传言：‘趋！’殿下郎中侠（夹）陛，陛数百人。功臣、列侯、诸将军、军吏以次陈西方，东乡；文官丞相以下陈东方，西乡。”此后的封建王朝基本上沿袭了这个规矩。如果谁被批准免去这一礼节，那就是独沐皇恩、特殊的荣耀了。例如萧何就是历史上第一个被赐以履剑上殿、入朝不趋的。当时还有一个周緤，并没有什么军功，只是因为有一次哭着劝刘邦不要亲自出征，“上（刘邦）以为‘爱我’”，于是“赐入殿门不趋，杀人不死（不抵命）”。见到长者尊者往前紧走几步，这本是发自内心的尊敬，而一经封建统治者的利用，便成了形式，成了他们进行统治的工具了。更有甚者，《汉书·贾谊传》上说：“过阙则下，过庙则趋，孝子之道也。”敬人扩展到该人所居和死后受祭之地，也是人为制造威严的手法。依此看来，万石君过宫门阙“必下车趋”，也是有经典依据的。

在封建社会中对于行路还有许多规定，例如“行不中道，立不中门”，“入临（进门凭吊死者）不翔”（并见《曲礼》）等等，因为跟阅读一般古籍的关系不大，就无需介绍了。

（七）道路

古代有关道路的名称要比今天多。《尔雅·释宫》：“一达谓之道路，二达谓之歧旁，三达谓之剧旁，四达谓之衢，五达谓之康，六达谓之庄，七达谓之剧骖，八达谓之崇期，九达谓之逵。”所谓达即通，一达指没有岔道，三达指丁字形街，四达是两路十字交叉。

但是《尔雅》所列有些在文献中得不到证明，如歧旁、剧旁、剧骖、崇期。有些虽然常见于文献，可是到底所指为几达之道也很难说。例如衢，也有人说是五达，有人说是六达，甚至有说九达的。康、庄、逵是不是五达、六达、九达，从文献中也很难看得出来。大约道、路为通名，凡人、车常走的地方都叫道或路，比较宽阔的叫康、庄（康、庄都有大的意思），岔路多的叫衢、逵。《史记·孟子荀卿列传》：“自如淳于髡以下，皆命曰列大夫，为开第（宅第）康庄之衢。”《列子·仲尼》：“尧乃微服（穿普通衣服，化装）游于唐衢。”这两个衢字都指岔路，前面加上康或康庄修饰，意即指热闹的街市。《左传·隐公十一年》：“郑伯将伐许，五月甲辰，授兵于大宫。公孙阏与颍考叔争车，颍考叔挟辀以走。子都拔棘（同戟）以逐之，及大逵，弗及。”《淮南子·说林训》：“杨子（杨朱）见逵路而哭之。”这两个逵也是指岔道口。街与衢恐怕也没有什么分别。《史记·鲁周公世家》：“公（鲁哀公）游于陵阪，遇武伯于街。”《左传·哀公二十七年》记载此事“街”作衢。《史记·孙子列传》：“君不若引兵疾走大梁，据其街路，冲其方虚（正空虚的后方），彼必释赵而自救。”街路，即交通要道。

此外还有一些道路的名称也应知道。

径。小路叫径。《史记·廉颇蔺相如列传》：“相如度秦王虽斋（斋戒），决负约不偿城，乃使其从者衣褐，怀其璧，从径道亡，归璧于赵。”走小路，是因为小路一般较大路近，可以更快地到达，更重要的是没有关卡、人少，免得暴露。《论语·雍也》：“子游（孔子弟子）为武城宰。子曰：‘女得人焉耳乎？’曰：‘有澹台灭明者，行不由径，非公事未尝至于偃（子游的名）之室也。’”这是说其人方正，没有私人之请，连走路也一定要走“正路”。径又称间道，意思是避开众人的路。《史记·淮阴侯列传》：“〔韩信〕选轻骑二千人，人持一赤帜，从间道萆（同蔽）山而望赵军。”因而间行也是指走小道。又《项羽本纪》：“当是时，项王军在鸿门下，沛公军在霸上，相去四十里。沛公则置车骑，脱身独骑，与樊哙、夏侯婴、靳强、纪信等四人持剑盾步走，从郦山下，道芷阳间行。沛公谓张良曰：‘从此道至吾军，不过二十里。度我至军中，公乃入。’”步走，是因为小路不能通车；间行，也与蔺相如的从者从径道归赵用意一样；鸿门距霸上原本四十里，走小路只有二十里，是因为径、间道总是人们为了抄近而走出来的。

蹊也是小路。《史记·李将军列传》："谚曰：'桃李不言，下自成蹊。'此言虽小，可以谕大也。"桃、李树下的路自然是小路。因此《释名》说："步所用道曰蹊。"

冲是交通要道。《左传·昭公元年》："〔郑徐无犯之妹〕适（嫁）子南氏，子晰怒，既而櫜甲以见子南，欲杀之而取其妻。子南知之，执戈逐之，及冲，击之以戈，子晰伤而归。"冲要则通常专指军事上重要的地方。《后汉书·南匈奴传》："连年出塞，讨击鲜卑，还复各令屯列冲要。"也可以说要冲。

古人早就知道大路两旁应该植树。《国语·周语》："列树以表道。"可见古代路边确实栽树。

为了行人，首先是为了君王的使者和官员走在路上能及时得到休息，沿着国家的主要道路设有若干亭馆，有人看管，备有粮柴。《周礼·大行人》和《掌客》说天子境内沿途为诸侯前来朝聘准备粮食、马料，并且定量供应。其所述的具体条例并不可信，但行人在亭舍"打尖"则确是古已有之。《左传·僖公三十年》："若舍郑以为东道主，行李（使者）之往来，供其乏困，君亦无所害。"虽说郑要充当秦东方道上的主人，但负责供应使者的资粮却是守亭馆者的任务。这是谦辞。《三国志·魏志·张鲁传》：“诸祭酒（五斗米教的正式成员）皆作义舍，如今之亭传，又置义米肉，悬于义舍，行路者量腹取足。”这已完全是民间自发的服务设施，但其性质与《周礼》所说还是一样的。

大约秦汉之际这种路上的馆舍就叫亭。亭者，停也。意即供行路者停下休息的。汉高祖刘邦未起事前就是一位亭长。这时亭是否还负责供应吃喝则已不可考。后代又有长亭、短亭的区别，据说十里一长亭，五里一短亭。柳永《雨霖铃》：“寒蝉凄切，对长亭晚，骤雨初歇。”这时的亭似乎已经纯粹是供人歇脚的地方了。

国家新闻出版广电总局
首届向全国推荐中华优秀传统文化普及图书

大家小书书目

国学救亡讲演录	章太炎　著　蒙　木　编
门外文谈	鲁　迅　著
经典常谈	朱自清　著
语言与文化	罗常培　著
习坎庸言校正	罗　庸　著　杜志勇　校注
鸭池十讲（增订本）	罗　庸　著　杜志勇　编订
古代汉语常识	王　力　著
国学概论新编	谭正璧　编著
文言尺牍入门	谭正璧　著
日用交谊尺牍	谭正璧　著
敦煌学概论	姜亮夫　著
训诂简论	陆宗达　著
金石丛话	施蛰存　著
常识	周有光　著　叶　芳　编
文言津逮	张中行　著
经学常谈	屈守元　著
国学讲演录	程应镠　著
英语学习	李赋宁　著
中国字典史略	刘叶秋　著
语文修养	刘叶秋　著
笔祸史谈丛	黄　裳　著
古典目录学浅说	来新夏　著
闲谈写对联	白化文　著
汉字知识	郭锡良　著
怎样使用标点符号（增订本）	苏培成　著
汉字构型学讲座	王　宁　著

诗境浅说	俞陛云　著
唐五代词境浅说	俞陛云　著
北宋词境浅说	俞陛云　著
南宋词境浅说	俞陛云　著
人间词话新注	王国维　著　滕咸惠　校注
苏辛词说	顾　随　著　陈　均　校
诗论	朱光潜　著
唐五代两宋词史稿	郑振铎　著
唐诗杂论	闻一多　著
诗词格律概要	王　力　著
唐宋词欣赏	夏承焘　著
槐屋古诗说	俞平伯　著
词学十讲	龙榆生　著
词曲概论	龙榆生　著
唐宋词格律	龙榆生　著
楚辞讲录	姜亮夫　著
读词偶记	詹安泰　著
中国古典诗歌讲稿	浦江清　著 浦汉明　彭书麟　整理
唐人绝句启蒙	李霁野　著
唐宋词启蒙	李霁野　著
唐诗研究	胡云翼　著
风诗心赏	萧涤非　著　萧光乾　萧海川　编
人民诗人杜甫	萧涤非　著　萧光乾　萧海川　编
唐宋词概说	吴世昌　著
宋词赏析	沈祖棻　著
唐人七绝诗浅释	沈祖棻　著
道教徒的诗人李白及其痛苦	李长之　著
英美现代诗谈	王佐良　著　董伯韬　编
闲坐说诗经	金性尧　著
陶渊明批评	萧望卿　著

古典诗文述略　　吴小如　著
诗的魅力
——郑敏谈外国诗歌　　郑　敏　著
新诗与传统　　郑　敏　著
一诗一世界　　邵燕祥　著
舒芜说诗　　舒　芜　著
名篇词例选说　　叶嘉莹　著
汉魏六朝诗简说　　王运熙　著　董伯韬　编
唐诗纵横谈　　周勋初　著
楚辞讲座　　汤炳正　著
汤序波　汤文瑞　整理
好诗不厌百回读　　袁行霈　著
山水有清音
——古代山水田园诗鉴要　　葛晓音　著

红楼梦考证　　胡　适　著
《水浒传》考证　　胡　适　著
《水浒传》与中国社会　　萨孟武　著
《西游记》与中国古代政治　　萨孟武　著
《红楼梦》与中国旧家庭　　萨孟武　著
《金瓶梅》人物　　孟　超　著　张光宇　绘
水泊梁山英雄谱　　孟　超　著　张光宇　绘
水浒五论　　聂绀弩　著
《三国演义》试论　　董每戡　著
《红楼梦》的艺术生命　　吴组缃　著　刘勇强　编
《红楼梦》探源　　吴世昌　著
《西游记》漫话　　林　庚　著
史诗《红楼梦》　　何其芳　著
王叔晖　图　蒙　木　编
细说红楼　　周绍良　著
红楼小讲　　周汝昌　著　周伦玲　整理

曹雪芹的故事	周汝昌　著　周伦玲　整理
古典小说漫稿	吴小如　著
三生石上旧精魂 ——中国古代小说与宗教	白化文　著
《金瓶梅》十二讲	宁宗一　著
中国古典小说名作十五讲	宁宗一　著
古体小说论要	程毅中　著
近体小说论要	程毅中　著
《聊斋志异》面面观	马振方　著
《儒林外史》简说	何满子　著
我的杂学	周作人　著　张丽华　编
写作常谈	叶圣陶　著
中国骈文概论	瞿兑之　著
谈修养	朱光潜　著
给青年的十二封信	朱光潜　著
论雅俗共赏	朱自清　著
文学概论讲义	老　舍　著
中国文学史导论	罗　庸　著　杜志勇　辑校
给少男少女	李霁野　著
古典文学略述	王季思　著　王兆凯　编
古典戏曲略说	王季思　著　王兆凯　编
鲁迅批判	李长之　著
唐代进士行卷与文学	程千帆　著
说八股	启　功　张中行　金克木　著
译余偶拾	杨宪益　著
文学漫识	杨宪益　著
三国谈心录	金性尧　著
夜阑话韩柳	金性尧　著
漫谈西方文学	李赋宁　著
历代笔记概述	刘叶秋　著

周作人概观	舒　芜　著
古代文学入门	王运熙　著　董伯韬　编
有琴一张	资中筠　著
中国文化与世界文化	乐黛云　著
新文学小讲	严家炎　著
回归，还是出发	高尔泰　著
文学的阅读	洪子诚　著
中国文学1949—1989	洪子诚　著
鲁迅作品细读	钱理群　著
中国戏曲	么书仪　著
元曲十题	么书仪　著
唐宋八大家——古代散文的典范	葛晓音　选译

辛亥革命亲历记	吴玉章　著
中国历史讲话	熊十力　著
中国史学入门	顾颉刚　著　何启君　整理
秦汉的方士与儒生	顾颉刚　著
三国史话	吕思勉　著
史学要论	李大钊　著
中国近代史	蒋廷黻　著
民族与古代中国史	傅斯年　著
五谷史话	万国鼎　著　徐定懿　编
民族文话	郑振铎　著
史料与史学	翦伯赞　著
秦汉史九讲	翦伯赞　著
唐代社会概略	黄现璠　著
清史简述	郑天挺　著
两汉社会生活概述	谢国桢　著
中国文化与中国的兵	雷海宗　著
元史讲座	韩儒林　著

魏晋南北朝史稿	贺昌群　著
汉唐精神	贺昌群　著
海上丝路与文化交流	常任侠　著
中国史纲	张荫麟　著
两宋史纲	张荫麟　著
北宋政治改革家王安石	邓广铭　著
从紫禁城到故宫 ——营建、艺术、史事	单士元　著
春秋史	童书业　著
明史简述	吴　晗　著
朱元璋传	吴　晗　著
明朝开国史	吴　晗　著
旧史新谈	吴　晗　著　习　之　编
史学遗产六讲	白寿彝　著
先秦思想讲话	杨向奎　著
司马迁之人格与风格	李长之　著
历史人物	郭沫若　著
屈原研究（增订本）	郭沫若　著
考古寻根记	苏秉琦　著
舆地勾稽六十年	谭其骧　著
魏晋南北朝隋唐史	唐长孺　著
秦汉史略	何兹全　著
魏晋南北朝史略	何兹全　著
司马迁	季镇淮　著
唐王朝的崛起与兴盛	汪　篯　著
南北朝史话	程应镠　著
二千年间	胡　绳　著
论三国人物	方诗铭　著
辽代史话	陈　述　著
考古发现与中西文化交流	宿　白　著
清史三百年	戴　逸　著

清史寻踪	戴　逸　著
走出中国近代史	章开沅　著
中国古代政治文明讲略	张传玺　著
艺术、神话与祭祀	张光直　著 刘　静　乌鲁木加甫　译
中国古代衣食住行	许嘉璐　著
辽夏金元小史	邱树森　著
中国古代史学十讲	瞿林东　著
历代官制概述	瞿宣颖　著
宾虹论画	黄宾虹　著
中国绘画史	陈师曾　著
和青年朋友谈书法	沈尹默　著
中国画法研究	吕凤子　著
桥梁史话	茅以升　著
中国戏剧史讲座	周贻白　著
中国戏剧简史	董每戡　著
西洋戏剧简史	董每戡　著
俞平伯说昆曲	俞平伯　著　陈　均　编
新建筑与流派	童　寯　著
论园	童　寯　著
拙匠随笔	梁思成　著　林　洙　编
中国建筑艺术	梁思成　著　林　洙　编
沈从文讲文物	沈从文　著　王　风　编
中国画的艺术	徐悲鸿　著　马小起　编
中国绘画史纲	傅抱石　著
龙坡谈艺	台静农　著
中国舞蹈史话	常任侠　著
中国美术史谈	常任侠　著
说书与戏曲	金受申　著
世界美术名作二十讲	傅　雷　著

中国画论体系及其批评	李长之　著
金石书画漫谈	启　功　著　赵仁珪　编
吞山怀谷 ——中国山水园林艺术	汪菊渊　著
故宫探微	朱家溍　著
中国古代音乐与舞蹈	阴法鲁　著　刘玉才　编
梓翁说园	陈从周　著
旧戏新谈	黄　裳　著
民间年画十讲	王树村　著　姜彦文　编
民间美术与民俗	王树村　著　姜彦文　编
长城史话	罗哲文　著
天工人巧 ——中国古园林六讲	罗哲文　著
现代建筑奠基人	罗小未　著
世界桥梁趣谈	唐寰澄　著
如何欣赏一座桥	唐寰澄　著
桥梁的故事	唐寰澄　著
园林的意境	周维权　著
万方安和 ——皇家园林的故事	周维权　著
乡土漫谈	陈志华　著
现代建筑的故事	吴焕加　著
中国古代建筑概说	傅熹年　著
简易哲学纲要	蔡元培　著
大学教育	蔡元培　著 北大元培学院　编
老子、孔子、墨子及其学派	梁启超　著
春秋战国思想史话	嵇文甫　著
晚明思想史论	嵇文甫　著
新人生论	冯友兰　著

中国哲学与未来世界哲学　冯友兰　著
谈美　朱光潜　著
谈美书简　朱光潜　著
中国古代心理学思想　潘　菽　著
新人生观　罗家伦　著
佛教基本知识　周叔迦　著
儒学述要　罗　庸　著　杜志勇　辑校
老子其人其书及其学派　詹剑峰　著
周易简要　李镜池　著　李铭建　编
希腊漫话　罗念生　著
佛教常识答问　赵朴初　著
维也纳学派哲学　洪　谦　著
大一统与儒家思想　杨向奎　著
孔子的故事　李长之　著
西洋哲学史　李长之　著
哲学讲话　艾思奇　著
中国文化六讲　何兹全　著
墨子与墨家　任继愈　著
中华慧命续千年　萧萐父　著
儒学十讲　汤一介　著
汉化佛教与佛寺　白化文　著
传统文化六讲　金开诚　著　金舒年　徐令缘　编
美是自由的象征　高尔泰　著
艺术的觉醒　高尔泰　著
中华文化片论　冯天瑜　著
儒者的智慧　郭齐勇　著

中国政治思想史　吕思勉　著
市政制度　张慰慈　著
政治学大纲　张慰慈　著
民俗与迷信　江绍原　著　陈泳超　整理

政治的学问	钱端升 著 钱元强 编
从古典经济学派到马克思	陈岱孙 著
乡土中国	费孝通 著
社会调查自白	费孝通 著
怎样做好律师	张思之 著 孙国栋 编
中西之交	陈乐民 著
律师与法治	江 平 著 孙国栋 编
中华法文化史镜鉴	张晋藩 著
新闻艺术（增订本）	徐铸成 著
经济学常识	吴敬琏 著 马国川 编

中国化学史稿	张子高 编著
中国机械工程发明史	刘仙洲 著
天道与人文	竺可桢 著 施爱东 编
中国医学史略	范行准 著
优选法与统筹法平话	华罗庚 著
数学知识竞赛五讲	华罗庚 著
中国历史上的科学发明（插图本）	钱伟长 著

出版说明

“大家小书”多是一代大家的经典著作，在还属于手抄的著述年代里，每个字都是经过作者精琢细磨之后所拣选的。为尊重作者写作习惯和遣词风格、尊重语言文字自身发展流变的规律，为读者提供一个可靠的版本，“大家小书”对于已经经典化的作品不进行现代汉语的规范化处理。

提请读者特别注意。

北京出版社